88
61

PANORAMA DE METZ
A VOL D'OISEAU

OU

NOUVEAU GUIDE DU VOYAGEUR A METZ

ET AU TRAVERS DE SES FORTIFICATIONS,

PAR

Édouard SIMON

Chevalier de la Légion-d'Honneur,
Professeur de Fortification et de Construction
à l'Ecole impériale d'Artillerie de Metz,
et de Travaux graphiques au Lycée.

PUBLIÉ PAR

J. VERRONNAIS

METZ

JULES VERRONNAIS, LIBRAIRE-ÉDITEUR
Rue des Jardins, 14

1861

PANORAMA DE METZ

A VOL D'OISEAU

PANORAMA DE METZ

A VOL D'OISEAU

OU

NOUVEAU GUIDE DU VOYAGEUR A METZ

ET AU TRAVERS DE SES FORTIFICATIONS,

PAR

Édouard SIMON

Chevalier de la Légion-d'Honneur,
Professeur de Fortification et de Construction
à l'École impériale d'Artillerie de Metz,
et de Travaux graphiques au Lycée.

PUBLIÉ PAR

J. VERRONNAIS

METZ

JULES VERRONNAIS, LIBRAIRE-ÉDITEUR

Rue des Jardins, 14

1861

Metz. — Typ. J. Verronnais.

TABLE ANALYTIQUE DES MATIÈRES.

TABLE ALPHABÉTIQUE DES MATIÈRES.

ERRATA.

————

Page 6, deuxième ligne, au lieu de : *si bel*; lisez : *si riche.*

Page 17, treizième ligne, au lieu de : *du nord au sud*; lisez : *du nord à l'est.*

Page 39, vingt-cinquième ligne, au lieu de : *parfaite*; lisez : *complète.*

Page 40, vingt-deuxième ligne, au lieu de : *seulement*; lisez : *à peine antérieur.*

Page 45, treizième ligne, au lieu de : *nous voici maintenant dans*; lisez : *nous avons donc atteint.*

Page 66, deuxième ligne de la note 2, au lieu de : *on a déjà vu précédemment*; lisez : *on trouvera plus tard ceux de la Moselle, puis les autres encore établis sur la Seille.*

Page 85, dix-huitième ligne, au lieu de : *travail*; lisez : *plan.*

Page 107, cinquième ligne, au lieu de : *se voient*; lisez : *l'on voit.*

Page 110, quinzième ligne, au lieu de : *Dieu sait!* lisez : *allez!*

Page 118, treizième ligne, après le mot *quai*, doit être joint ce renvoi· *Le quai Saint-Louis.*

AVANT-PROPOS.

Toute préface n'étant autre chose que le vestibule d'un livre, le lieu où le lecteur vient généralement faire une légère station pour y puiser certains renseignements préalables avant de pénétrer dans l'intérieur de l'ouvrage, qu'il nous soit donc permis de profiter de celle-ci pour y exposer en quelques mots le but et l'objet que nous nous sommes proposés dans cet opuscule.

Au moment où Metz va devenir le théâtre d'une de ces solennités si rares dans l'histoire des villes, véritable fête des arts et de l'industrie, qui doit infailliblement attirer dans son enceinte une affluence considérable de voyageurs, nous avons pensé qu'il serait peut-être d'une bonne hospitalité pour diriger ceux-ci au travers de nos murs et de cette ceinture d'ouvrages, leur puissant bouclier, de leur offrir une sorte d'*itinéraire* ou de *vade mecum*, de nature à les conduire pas à pas, rue par rue, quartier par quartier, devant chaque monument, devant chaque maison particulière même offrant un intérêt quelconque, et sur le sol entier de ses remparts si difficiles à reconnaître, de manière à prendre connaissance de tout ce que la cité renferme de réellement digne de curiosité et d'attention, sans être obligés, à cet effet, de mettre à contribution l'obligeance d'un ami ou l'intermédiaire de quelque cicerone.

Tel est le but que nous avons eu essentiellement en vue dans cette brochure. Dérouler tour à tour sous les yeux du spectateur, à l'image du panorama, l'horizon entier de notre ville, en commençant par le réseau de fortifications qui l'enlacent de toutes parts et dont chacun des ouvrages est passé alternativement en revue ; puis, montrer successivement en détail chacun des quartiers, en adoptant à cet égard, une marche méthodique : la division par *sections*, arrêtée par l'administration municipale pour la répartition contributaire, le recensement de la population et les secours dans les incendies [*] ; faire précéder ce tableau de quelques appréciations, touchant l'esprit général de la cité et certaines de ses tendances particulières ; voilà quels sont les éléments qui constituent l'ensemble de ce travail.

Un tel sujet présentant sans contredit, par sa nature même, une aridité et une monotonie réelles, afin de pouvoir en dissimuler le plus possible ce caractère, nous avons essayé de recourir à des formes et à des couleurs seules capables d'en sauver la sécheresse. Toutefois, en empruntant ici le secours de la langue des Boileau et des Delille, c'est, — nous nous empressons bien vite d'en faire hautement la déclaration, — sans prétention aucune au mérite de la poésie, mais pour y trouver, outre le motif que nous venons de déduire, ces immunités et ces bénéfices — son heureux apanage, — à l'ombre desquels il nous sera permis de hasarder avec plus de sécurité et de har-

---

[*] Classification que nous devons à l'obligeante communication d'une personne aux soins de laquelle est confiée l'une de ces attributions.

diesse certaines observations critiques qui, dans le langage ordinaire, n'eussent peut-être pas aussi facilement obtenu leur droit de franchise.

Sans doute nous possédons déjà un certain nombre de publications précieuses renfermant sur l'ancienne capitale de l'Austrasie, tous les documents les plus importants et les plus circonstanciés; mais, c'est par cela même que le cadre de ces ouvrages est beaucoup trop étendu qu'il ne peut remplir convenablement l'objet que nous assignons ici. Un seul : le *Guide de l'Étranger à Metz*, par l'éditeur même de ce nouveau guide, rentrait peut-être dans ces conditions; mais, chacune de ses matières se trouvant classée par catégories, n'est-ce point plutôt véritablement un indicateur qu'un guide conduisant le voyageur méthodiquement et infailliblement sur tous les points de la surface de la cité? Aussi, est-ce pour ainsi dire, pour le compléter, et comme devant en être le corollaire, qu'a été conçu le petit ouvrage que nous livrons en ce moment à la publicité; tous deux, du reste, devant réciproquement se prêter un égal appui. Ainsi, quant à nous, nous sommes-nous contenté, le plus généralement, de faire une mention rapide des différents objets que nous venons offrir aux regards du spectateur, priant celui-ci, désireux d'en obtenir l'historique, de recourir, au besoin, au congénère en question. D'un autre côté, lorsque le lecteur interrogeant ce dernier, voudra s'orienter directement et sans hésitation, sur un point donné de cette circonscription, n'aura-t-il qu'à consulter notre travail pour atteindre immédiatement son but. Telle est notre confiance dans cet appui réciproque, que nous n'avons point cru devoir joindre ici un plan — complément cependant indispensable d'une publication de cette nature, — renvoyant, à cet effet, à celui de l'ouvrage précédent.

A ce sujet, toutefois, nous croyons devoir faire cette réserve : que ce plan, essentiellement carte-routière, parfaitement suffisant sans doute pour l'objet proposé alors, laisse peut-être à désirer, pour nous, au point de vue de certaines circonstances, telles que, par exemple : maintes irrégularités de quelques rues, objet de nos observations critiques, et qui, au contraire, montrent là une parfaite symétrie; la non représentation de certains ouvrages, que la dimension du même plan n'a point permis d'y figurer; puis encore, sous le rapport du tracé de la fortification, qui indique suffisamment que ce travail émane d'une personne entièrement étrangère à cette étude, abstraction faite bien entendu, de l'exactitude qu'une telle publication ne peut et ne doit point présenter, pour des motifs que tout le monde comprendra, sans qu'il vienne à la pensée de personne de demander aucune explication à cet égard.

Quant aux quelques erreurs ou incorrections qui ont pu se produire dans le cours de ce travail, puissent-elles trouver leur excuse dans la précipitation que nous avons été forcé d'y apporter, pour parvenir à le mettre au jour en temps déterminé. De ce nombre est l'erreur qui s'est glissée à la page 17, ligne 13, où l'on a mis du nord au sud, au lieu de nord à l'est.

Cet exposé terminé, il ne nous reste plus qu'à entrer directement en matière.

PANORAMA DE METZ

A VOL D'OISEAU

ou

NOUVEAU GUIDE DU VOYAGEUR A METZ

ET AU TRAVERS DE SES FORTIFICATIONS.

I.

ESQUISSE GÉNÉRALE.
ESPRIT ET TENDANCES DE METZ.

Salut ! cité guerrière,
Des disciples de Mars, illustre pépinière !
De cet art des Vaubans asile protecteur,
    Noble Metz !... salut, gloire, honneur !
. . . .
Dans tes murs aujourd'hui pourquoi cette allégresse [1] ?..
    Pourquoi, de toutes parts
Cette foule empressée, et dans tous les regards
    Cette douce ivresse ?

---

[1] Solennité de notre *Exposition universelle.*

Ah!... c'est qu'à ta couronne ajoutant un fleuron,
  Et de la lutte des armes
  Répudiant les alarmes,
Ce jour si beau te voit retremper ton blason!

. . . .

  Rivale de tes sœurs de la mère patrie,
   Jalouse de les égaler,
Au combat du travail, des arts, de l'industrie,
   Ici tu viens te mêler!...
Comme elles, du progrès déployant la bannière,
Tu descends dans l'arène, impétueuse et fière,
Et de nouveaux succès le front tout radieux,
Dans tes fastes inscris ton jour le plus heureux!...
Pour toi fut-il jamais plus belle et noble fête
Que celle célébrant si paisible conquête?...
Pourquoi n'en puis-je, hélas! retracer le tableau?
   Mais, de peindre un Alexandre,
   D'Apelles seul le pinceau
   Doit oser entreprendre.....

   Ne crains rien, toutefois,
Jamais la renommée, au foyer des lumières,
Eut-elle à redouter de trouver des barrières?....
Or, entonnés bientôt par d'éloquentes voix,
Tour à tour répétés, les chants de ta victoire
De leurs sons vont remplir le temple de la gloire...
Pour si pieuse tâche et d'aussi doux accents,
A des cœurs pénétrés, ô devoir si facile!
N'as-tu pas le concert de tes dignes enfants?...
Et, dans leurs rangs serrés, plus d'une main habile
   Du ciseau s'armant soudain,
Avec orgueil déjà burinant sur l'airain

De profonds caractères,
A l'estime de tes frères
Y grave tes nouveaux droits.

. . . .

Quant à moi, seulement, ici simple touriste,
De tes brillants exploits
Impuissant, je l'avoue, à signaler la liste,
Je ne viens réclamer, comme insigne faveur,
Que le seul et modeste honneur
D'esquisser à grands traits de ta mâle figure
L'imposante structure.

. . . .

Laissse-moi donc, errant et marchant au hasard,
Pleinement affranchi des entraves de l'art
Et parfois dédaignant ses maximes ardues,
Retracer, en courant, tes monuments, tes rues,
Et ces fameux remparts
De stupeur et d'effroi frappant tous les regards...
Partout ces lourds engins, ces terribles machines,
Ces messagers de mort, de désolation...
A tes pieds s'enroulant ces nombreuses usines
Triturant les agents de la destruction.

. . . .

Mais, avant d'ébaucher ton image guerrière
Et de nous attaquer à ses impressions,
Nous devrons esquisser tes mœurs, ton caractère,
Ton humeur, ton esprit, tes aspirations.
A cet égard, je t'en supplie,
Ici n'affecte point de vaine pruderie,
Et, de grâce, surtout, ne va pas t'offenser
Si ma maudite plume, un peu franche et rustique,
Laisse parfois quelque pauvre critique

Entre ces lignes se glisser.....
    De toute flatterie
Elle est, je t'en préviens, implacable ennemie,
Toujours à chaque chose elle donne son nom,
Et sans être pourtant de nature caustique,
A l'exemple fameux de notre satirique,
Appelle un chat un chat, et Rolet un fripon.

    Ah! je le crains, ce ton un peu sévère,
— A mon grand déplaisir, s'il devait t'attrister —
Pourrait bien cependant ne pas beaucoup te plaire.....
Aisément, qui renonce à s'entendre vanter?...
    Car, envers toi, d'habitude,
— Nul de nous, par malheur, n'en peut disconvenir, —
    Jamais tu n'entends retentir
    Le moindre langage un peu rude.....
Parlons plus franchement et sans aucun détour :
Tu possèdes vraiment de flatteurs une cour,
Au ton mielleux et tendre, à la douce parole.....
Pour te louer, sans cesse enflant la voix,
Toujours ceignant ton front d'une vive auréole.....

    Eh! quoi, grand Dieu!... déjà je t'entends récrier!...
De ces faits, sur-le-champ, me demandant la preuve ;
    Oh! de me mettre à l'épreuve
    Point ne me ferai prier.
Des exemples tu veux....., mais la foule en abonde,
Il ne faut pas, pour ce, fouiller la terre et l'onde...
On en trouve partout, à chacun de ses pas ;
Et, du choix, à vrai dire, on n'a que l'embarras...
Jamais tâche, à coup sûr, fut-elle plus facile ?...
    Voyons!... entre mille
    Saisissons au hasard :

Abordons, si tu veux, le domaine de l'art,
Et pour début prenons la scène dramatique.
S'agit-il d'en dresser la sincère chronique?
A ce sujet tu sais comme on est véridique!...

    D'éloges fastidieux,
    Nauséabonds et creux,
    Quel concert pompeux
    Assourdit nos oreilles!!...

Nous n'avons que Phœnix..., nous n'avons que merveilles!
Nul théâtre n'en peut posséder de pareilles,
    Et, malheur à toi! si l'avis
De tels trésors jamais en parvient à Paris!
Pourrait-on remplacer, hélas! chose aussi rare?
— La terre, tu le sais, s'est montré tant avare!... —

. . . .

    Quel culte, aussi, pour de si grands talents!
    Sur leur autel combien brûle l'encens!...
De la publicité voyez-vous ces organes
A l'envi s'efforçant tous de les exalter?...
    Tremblez donc, ô tremblez, profanes,
Si, trop mal avisés, vous osez protester!...
Vous allez soulever un horrible scandale!...
Et sur vous vont pleuvoir les doux noms de Vandale,
    De Huron, de Goth,
    De Visigoth,
    De pauvre idiot,
Et des équivalents tout le beau répertoire...
    Surtout... estimez-vous heureux!...
    Si ceux encor de jaloux, d'envieux
    N'en forment point l'agréable accessoire.

. . . .

    Que vous méritez bien ces gracieusetés,

Du reste, ô vous tous, qui de ces capacités
   Ne prisez point un si bel assemblage !...
Au moins donc, fiez-vous à cet aréopage...
Malheureux, qui de goût êtes déshérités !!
Admirez, avec lui, ces belles qualités :
Ici, cet air, ce ton... là, ce timbre si tendre !...
Ah ! monsieur..., mais, pour l'entendre,
A Londres on paierait une livre sterling !...
Consultez donc plutôt l'honorable W...
Ou le béat Félix, ou de notre spectacle
   Tout autre infaillible oracle !...

. . . .

Voilà, sur tous les tons, ô bon public messin,
   Comment, chaque matin,
Résonnent tour à tour tous nos J.-J. Janin.
Or, est-ce vrai ?... Réponds... En faux, peux-tu l'inscrire ?
Et quelqu'un peut-il bien m'accuser de médire ?

  — Sans aucun doute, il est dans ce tableau
    Certaine ressemblance,
  Mais, franchement, l'indulgence
  A-t-elle bien conduit votre pinceau ?...
Après tout, poursuivez..., car toute une peinture
Ne saurait embrasser qu'une seule figure ;
Et, certes, point déjà vous n'êtes aux abois,
D'exemples, on le sait, vous n'avez que le choix...
Pourquoi vous arrêter ?... vous débutez à peine...
Vous faudrait-il sitôt reprendre haleine ?...
A votre verve donc continuez encor
D'imprimer ce facile et si brillant essor...
   — Diable !... de l'ironie !...
Les rôles sont changés... ; or çà, je vous en prie,

Courage!... allons!... mettez toutes voiles dehors...
Vous vous taisez?... bien sûr!... A notre tour, alors ;
Et, puisque, de nouveau, vous voulez la réplique,
Soit..., reprenons le cours de notre polémique...
    A maint coursier, de l'éperon
      Point ne faut l'aiguillon!

  . . . .

  Ah! tu doutes encor!... bien courte est donc ta vue!...
Mais... des beaux-arts, voyons! prends la moindre revue,
  Et, n'est-ce pas parfois à rester confondu,
    Quand de certain compte-rendu
    On vient d'achever la lecture!...
Car, sur tous les sujets : et musique et peinture,
    Statuaire, architecture,
— A plus forte raison, pour la littérature —
Ce ne sont que bravos et qu'ébahissements,
    Délire, frémissements,
      Ebaudissements?...
A ce point de trouver de beautés, de richesses
    Un lyrique sujet
Jusque dans les feuillets des tables de Callet,
Ou bien dans l'almanach des vingt-cinq-mille adresses!...

  Et de même — plus haut, comme on l'a déjà vu
A grands traits esquissé dans ce court aperçu —
  Que toujours fascinée, et toujours idolâtre,
    La presse, à notre théâtre,
Ne découvre à tous pas que Talmas, que Garricks,
    Que Rubinis, que Tamberlicks,
De même, ô le plus grand de tous les priviléges!
Fortunés habitants! partout nous ne trouvons
Que Méhuls, Rossinis, que Coustous, Jean Goujons,

Germain Pilons,
Que Titiens, Raphaëls et Corréges,
Benvenutos,
Michel-Anges, Palladios,
Que Le Tasses, Victor Hugos,
Molières et Racines,
Chateaubriands et Lamartines !...
Ah ! nulle part, dis-moi, vit-on jamais cités
Réunir à la fois plus de célébrités ?...

. . . .

Ne va pas croire, au moins, qu'aux beaux-arts seuls s'adresse
Cette chaleureuse tendresse...
En toute chose, à tout moment,
Se retrouve toujours le même aveuglement.
D'horticulture ou bien d'agronomie
En notre ville est-il une exposition ?...
Comment en retracer la physionomie
Et peindre ces accents de l'admiration ?...
Ecoutez donc, plutôt : autour de cette plante
Qu'à la halle Paris chaque jour voit en vente,
N'y jetant qu'un regard à peine indifférent,
— Tant pour ses yeux ce spectacle est fréquent ! —
Quels délirants transports !... tout un chacun l'acclame
D'un concert à lasser la plus forte réclame :
C'est un produit vraiment pyramidal,
Inouï, phénoménal,
Digne de figurer au palais de cristal !...

. . . .

Mais, en cet autre endroit, pourquoi cette cohue ?...
Regardez et jugez : en aucun lieu, la vue,
De plus brillantes fleurs
Fut-elle jamais réjouie ?...

De tous contemplez donc la mine épanouie...
Quel doux ravissement !... c'est à tirer des pleurs !...
Pour moi, j'en sens déjà perler sur mon visage !
Aussi, vienne bientôt ce moment solennel
Où le majestueux et grave aréopage,
A longs traits savourant le bonheur paternel,
Au travail répartit sa noble récompense !...
Quel lieu jamais offrit plus nombreuse affluence ?...
A l'appel de son nom, comme chacun s'avance,
Le visage joyeux et l'œil resplendissant !...
Il n'est, soyons-en sûrs, pas un seul exposant,
De couronnes chargé qui toujours ne revienne,
Ou, certes, pour le moins, de mentions n'obtienne !...

Auprès d'un tel succès on ne trouve d'égal
Que cet autre si doux et si sentimental,
Obtenu par l'enfance, en ces charmantes fêtes
Où s'opère des prix la distribution,
Alors que vous voyez toutes ces blondes têtes
Ceintes des lauriers : qui, de la dentition ;
Qui, de la propreté..., de la tendre espérance ;
Ou bien, de ceux encor de la prompte croissance... !
Moments trop fortunés ! seuls jours si ravissants
      Où les heureux parents
Goûtent un vrai bonheur, un plaisir sans nuage !...
. . . .
. . . .

  Oh ! je le sais, d'amplification
  Tu vas taxer sans doute mon langage...
    Et nulle exagération,
    Pourtant, n'y règne, je t'assure,
Vrai ! telle est de chacun, ici, l'exacte allure... .

Et de tous et de tout,
Et toujours et partout,
Mêmes transports et même idolâtrie !...
Il n'est point, dans nos murs, de plus mince industrie,
Ou si simple production
Qui ne trouve à l'instant de vive ovation,
Et, pour la célébrer, c'est un ardent lyrisme
A mettre sur les dents le plus chaud pindarisme.

. . . .

Tels sont, qui le niera ? les éternels échos
Dont chaque jour, je le répète,
Retentit la cité, sans cesse, à tout propos !...
Vrai miroir, qui toujours même image reflète !
Ou bien plutôt, même air sur une autre chanson,
Mais avec variante et changement de ton !

. . . .

Malgré tout, cependant, hâtons-nous de le dire :
— Par cet aveu puissé-je un peu te soulager ! —
Ce travers qu'à grands traits je viens de te décrire,
Tu n'es point, j'en conviens, seule à le partager ;
C'est là, sans aucun doute, un vieux mal de province...
Dans son sein est-il donc de mérite un peu mince ?
Qui ne sait que toujours de clocher en clocher,
De tous côtés, chez elle, on ne voit ricocher
Que célébrités, que génie !...
Véritable marotte, incurable manie,
Dont nul jamais ne saura la guérir,
Et qui sur ce bon sol semble s'épanouir !
Pour preuve, est-il besoin de fouiller la chronique ?...
Mais c'est là, de l'histoire antique,
Que de tous ces lieux
Les noms fameux

Qu'à l'état de dicton notre mémoire garde !
Landernau, Caudebec, Meaux, Quimper-Corentin,
  Saint-Flour, Brives-la-Gaillarde,
  Concarneau, Romorantin...
 Sans oublier, Dieu m'en préserve !
   Pontoise ! Pézénas,
   Falaise, Aubenas,
   Melun, Carpentras,
Et tant d'autres encor, au besoin, en réserve,
 Dont je m'abstiens toutefois d'émailler
  Ce charmant médailler,
Car, à tous ces travers tu commences à croire,
Et point ne faut, en outre, invoquer cette histoire
  Du fameux vin du crû...
Mais, chut !... ne vais-je pas passer pour incongru...?
Et, du reste, insister serait te faire injure ;
Donc, je bornerai là cette nomenclature,
Assuré que je suis de ta conviction.

  — Eh bien !... non, mille fois non !...
  Nullement je ne partage
Contre un grief si mince un si vif plaidoyer,
Et de tes arguments, quel qu'en soit l'étalage,
En aucune façon je ne me sens ployer.
Pourquoi, du magister en véritable émule,
Toujours ainsi s'armer de l'affreuse férule ?...
Mieux ne vaut-il donc pas donner immunités
Que d'avoir à livrer sans cesse hostilités ?...
Laissons-là, croyez-moi, du pauvre pédagogue
Cet air rébarbatif, ce ton hargneux et rogue...
Ce n'est point en grondant qu'on parle à la raison ;
Bénigne toujours est la persuasion !...

On évite un taureau qui vous montre les cornes,
Et toujours — est-il vrai? — du placide mouton
La main avec bonheur rencontre la toison...
En tout, il faut savoir garder de justes bornes :
En pressant la coquille, on peut tuer l'oiseau,
Et, pour le trop plier, on brise l'arbrisseau!...

— Soit, jamais au coursier ne faisons de blessure,
Mais, sans ainsi vouloir aller jusques au sang,
Chacun sait, qu'au besoin, il lui faut faire au flanc
    Parfois sentir quelque piqûre,
Sous peine, à chaque instant, de le voir se cabrer,
Ou bien, à mille écarts sans cesse se livrer...
De cette manifeste et coupable indulgence
Voulons-nous voir quelle est la triste conséquence :
D'une part, pour l'auteur de l'objet tant vanté,
De plus, pour le public si mal orienté?...
    Juge toi-même : à force de s'entendre
Sur tous les tons prôner, quel est le malheureux
    Qui, franchement, au sérieux,
A la longue, pourrait résister à se prendre?...
A qui donc est la faute?... à vous tous complaisants,
Partout représentant comme mérite insigne
    Et tout à fait hors ligne,
    Des talents à peine naissants.
Or, comment de l'éloge, échapper à l'empire?
Il est si doux de croire à ce que l'on désire!...
Et, qui peut ignorer quel est sur tous nos sens
Le doux enivrement du parfum de l'encens?...
Au sommet des hauteurs comme la tête tourne,
Et combien en arrière avec peine on retourne!...
Aussi, se reposant sur ces vains compliments,

Notre héros persiste en tous ses errements.
Qu'en advient-il alors?... chacun peut le prédire!..
Ce qui toujours, hélas! arrive à tout navire
Sur l'immense Océan, errant au gré des flots,
N'ayant, pour le guider, pilote ni boussole,
Ni le secours puissant d'habiles matelots...
Regardez-le : battu par la fureur d'Eole,
Sans voilure ni mât, le malheureux esquif
S'en vient se déchirer contre un affreux récif!...

. . . .

Mais, pourquoi donc encor, dans toutes les carrières,
En tous lieux trouve-t-on tant de ces pauvres hères
Fièrement étalant leur médiocrité,
    Et d'une sorte d'auréole
    Enveloppant leur triste obscurité?...
C'est qu'ils ont eu le tort de croire sur parole
Cet imprudent essaim de dangereux flatteurs,
    A pleines mains toujours semant de fleurs
Les pas mal assurés de celui qui débute...
Pauvres ballons dans l'air d'abord se balançant,
Et dont un coup d'épingle ou le seul choc du vent
Suffit, le plus souvent, pour entraîner la chute!...

. . . .

Puis, après, l'on s'afflige! et l'on est tout surpris
Au douloureux aspect de ces mille incompris!...
Vous tous, adulateurs, contemplez votre ouvrage!...

. . . .

Au moins, si là, du mal se bornait le ravage!...
Mais du public encor on pervertit le goût!...
Etranger, en effet, à de telles matières,
Confiant, il remet, aveuglément en tout,
Sa propre opinion à vos seules lumières...

Pour lui, votre parole est article de foi,
Et votre jugement sacré comme la loi !...
Essayons donc un peu, voire à vous contredire...
Il nous opposera sans cesse votre dire ;
De son fier argument il est toujours armé :
      Lisez : c'est imprimé !...
Qu'opposer, quant à nous, à sa dialectique ?
Pourtant, n'attendons point jamais autre réplique,
  C'est imprimé... voilà son grand dada !
     Et, de le sortir de là,
N'essayez nullement, allez ! c'est impossible ;
La presse a prononcé, c'est oracle infaillible !...

. . . .

. . . .

Ah ! du progrès, quel est, sous ses pas incertains,
Le chemin qu'ont frayé vos imprudentes mains,
A toute heure du jour en lui faisant accroire
Que telle chose blanche, est, au contraire, noire...
Que tout ce qu'il nous livre est divin, merveilleux,
Et que rien de plus beau ne peut frapper les yeux !...
Quoi d'étonnant alors, qu'après un tel langage,
Son goût si mal guidé fasse à la fin naufrage ?...
Aussi, le verrons-nous, plus tard, ce triste fruit
     Qu'à la longue produit
     Cette insigne faiblesse !...
Mais il est temps enfin que cet affreux mal cesse !...
Par trop longtemps il dure, il le faut réprimer...
En grâce, de courage osez donc vous armer !
Écoutez en cela les lois de la nature,
Qui toujours nous font voir que sans quelque blessure,
Ne s'opère jamais aucun enfantement.
A tout s'applique, hélas ! ce dur enseignement :

Pour greffer l'arbre, il faut qu'on le lacère,
Et pour semer le grain, on déchire la terre !...

Sachons donc, éclairés par ces instructions,
Tout entiers nous résoudre à leurs prescriptions ;
Puissent ainsi vos yeux, s'ouvrant à la lumière,
Vous faire abandonner votre funeste ornière !...

. . . .

Quant à moi, malgré tout, et quoi qu'on en dira,
Constamment je saurai parler avec franchise,
Et demeurer fidèle à la vieille devise :
Faire ce que tu dois, advienne que pourra.

. . . .

. . . .

Mais, il faut maintenant vite entrer en matière ;
      Trêve alors aux digressions,
Et, sans plus différer, à ces réflexions
      Empressons-nous de fermer la barrière...
      Sur ce sujet c'est assez discourir ;
      Avec joie, aussi bien, déjà je vois finir,
            Pour si petite bâtisse
            Trop profonde fondation,
      Donc, au plus tôt, de ce frêle édifice
            Poursuivons la construction.

II[1].

A TRAVERS LES FORTIFICATIONS.

DU FRONT CHAMBIÈRE A CELUI MAZELLE.

De ta muraille avant de franchir la ceinture,
Essayons un moment d'en dépeindre l'armure,
Et pour bien retracer ce fidèle tableau ,
Tous deux saisissons-en la vue à vol d'oiseau :
Dieux !... quel contour tordu , de lignes quel méandre !...
    Et d'un tel réseau comment
        Parvenir à surprendre
        L'habile agencement ?. .
Courage ! toutefois , avec la patience ,
Tous les nœuds , à la fin , on les peut délier,....
Et tenez !... d'un delta — sans doute irrégulier —
Ne·retrouvez-vous pas certaine ressemblance ?...
Voulons-nous davantage en compléter l'effet ?
Par des lignes , ici , joignons , par la pensée ,

---

[1] Pour bien se pénétrer des descriptions qui vont être l'objet de la suite de ce travail , il est indispensable d'en suivre toutes les indications sur le plan de Metz.

De ces angles chaque sommet [1] :
Tout autour, maintenant, voyez ! règne pressée ,
En festons sinueux sans cesse se mouvant,
 Notre imposante enceinte,
 Souvent elle-même étreinte
D'une première encor détachée en avant.
Mais, pour mieux ressaisir sa figure murale,
Et, sans trop grand travail, parcourir ce dédale
 De fortifications,
Adoptons, si l'on veut, un mode méthodique,
Par exemple : l'emploi de ces divisions,
 Du système géographique.
Soit donc... du nord au sud [2] dirigeons nos regards :

En replis tortueux tout d'abord se révèle,
Depuis le front [3] *Chambière* à celui de *Mazelle* ,
 Le cordon de remparts;
Puis, en avant encor, ce long faisceau d'ouvrages

---

[1] Il serait bon, en effet, afin de bien se rendre compte de cette fortification, de tracer le triangle en question, au moyen de lignes allant : l'une, du saillant le plus aigu du front de Chambière, au saillant de la Citadelle: l'autre, de ce dernier, à celui de la porte Mazelle ; et la troisième, de celui-ci au point de départ, le saillant de Chambière.

[2] On comprendra aisément que l'orientation que nous donnons ici n'est pas rigoureusement, ni mathématiquement exacte; mais, sans toutefois s'écarter sensiblement de la vérité, elle doit être largement suffisante pour l'objet proposé.

[3] FRONT. — On désigne sous ce nom, toute la fortification comprise entre deux saillants voisins d'un même ouvrage. Le *saillant* d'un ouvrage est la partie angulaire la plus avancée dans la campagne. Un *front bastionné* comprend deux *demi-bastions*, c'est-à-dire, deux *faces*, deux *flancs*, plus une *courtine*, portion en ligne droite, et la plus rentrante, qui sert de trait d'union entre deux bastions voisins. Le *bastion* se compose de deux *faces* et de deux *flancs*. La ligne fictive, qui divise en deux parties égales le saillant d'un ouvrage, prend le nom de *capitale*. C'est toujours sur la capitale qu'on marche à l'attaque d'un ouvrage.

Sur ces flancs escarpés
D'étages en étages
Si savamment groupés !
De *Belle-Croix* c'est la *Double-Couronne* [1]
Qui sous ses pieds emprisonne
De chemins
Souterrains
Un sombre labyrinthe,
Pour le pauvre assiégeant, terrible objet de crainte,
Trop légitime, hélas !
Car tout ce sol miné peut vomir le trépas [2] !...

. . . .

De cette œuvre formidable,
Du savant Cormontaingne [3] et la gloire et l'honneur,
Serait-il donc besoin d'indiquer la valeur ?...
Qui ne voit que sans elle, alors, cette hauteur
A la place devient beaucoup trop redoutable ?
Nous faut-il, à l'appui, quelque preuve ajouter ?
A l'histoire, à l'instant, nous allons l'emprunter :

---

[1] Ouvrage vulgairement désigné à Metz sous la dénomination de *Fort*, ainsi que la Double-Couronne-Moselle ; or, le nom de Fort, n'est réservé en fortification, qu'aux ouvrages n'empruntant qu'à eux-mêmes leur propre défense ; et présentant, à cet effet, un parapet sur tout leur pourtour ; tandis que ceux dont il est question ici, en sont, au contraire, dépourvus à la partie tournée du côté des autres ouvrages qui les flanquent, partie que l'on désigne sous le nom de *gorge*. — Cette fortification, commencée en 1731, a exigé plusieurs années pour sa construction. Le coteau, sur lequel elle a été élevée, doit son nom à une grande croix, autrefois plantée sur son sommet, et qui était alors un objet de dévotion particulière, principalement pendant le carême.

[2] On sait que sous tout le terrain qui s'étend sous les glacis de Belle-Croix et de la lunette en avant, règne une série de galeries de mines dont le développement mesure plus de 4 kilomètres.

[3] Célèbre ingénieur qui a succédé à Vauban dont il s'est montré le digne émule. — Né en 1692, mort en 1752.

Du bouillant Charles-Quint, dans sa première attaque,
Où sont, contre nos murs, ces canons que l'on braque ?
C'est là sur ce coteau que tous sont rassemblés,
Et bientôt, sous leurs coups mugissants, redoublés,
Sans relâche tonnant et frappant à leur guise,
Metz allait succomber sans la valeur de Guise !....
Contemplez ces remparts en tous points éboulés,
Dans leur fossé ces murs, en partie écroulés,
A l'assiégeant bientôt allant livrer passage !....
Quelques instants encore, et l'heure du carnage
Pour la vierge cité commençait à frapper,
Quand transporté d'ardeur, d'audace et de vaillance,
En tous lieux à la fois signalant sa présence,
Notre héros partout parvient à retremper
Des soldats épuisés l'espoir et le courage.
Voyez, les secondant, tout ce peuple guerrier,
Des boulets ennemis réparant le ravage,
Haletant, sur la brèche, alerte pionnier,
Nuit et jour déposer son lourd fardeau de terre...

. . . .

  Le signal est donné,
Et déjà l'Espagnol agite sa bannière.....
  Furieux, acharné,
A monter à l'assaut à l'instant il s'apprête,
Mais soudain il recule, et soudain il s'arrête,
Glacé par la stupeur, muet d'étonnement,
Car se révèle alors la subite présence
  Du fameux *retranchement* [1]
De Metz qui dans ce jour causa la délivrance !..

_____

[1] On donne, en général, plus particulièrement le nom de *retranchement*.
à tous les ouvrages de la fortification passagère; mais, celui dont il est ici

Soutien de l'arsenal, aujourd'hui renforcé
D'un dur *revêtement* [1] de solide défense,
Ici même, voyez, il se trouve placé !
C'est, de ce vieux rempart cette *courtine* [2] immense,
Sur laquelle, au milieu, viennent croiser leurs feux,
      Ces flancs étroits et creux
        Armés de batteries
Ouvertes au travers de leurs maçonneries,
Et montrant au dehors, sur leur mur enfumé,
Le chiffre d'Henri deux, de ce grand H formé [3].
Telle est de Guise donc cette célèbre armure [4].

Voulez-vous voir aussi notre antique clôture,
De ces temps reculés gardant le souvenir ?
A vos yeux elle vient d'elle-même s'offrir.
Devant vous regardez : à peine déparées,
— Précurseurs éloignés de tous ces bastions —
Voilà ces vieilles *tours*, et rondes et carrées,
Rendez-vous solennel des corporations,

---

question, appartient à une autre catégorie, celle des *retranchements intérieurs*, ouvrages de fortification permanente, construits dans l'intérieur même de la place, afin de permettre à la garnison de repousser l'assaut au *corps de place*, et de ne point se rendre dès que l'ennemi y aura pratiqué une brèche.

[1] REVÊTEMENT. — Sorte d'enveloppe ou de soutien servant, en fortification, à retenir les terres des talus, et qui peut être formée d'une foule de matériaux : fascines, gabions, clayonnage, gazons, boisage, sacs à terre, corps d'arbres, etc.; mais en fortification permanente, les revêtements des escarpes et des contrescarpes sont généralement de fortes murailles en maçonnerie. Le retranchement de Guise n'était d'abord qu'en terre, ce n'est que postérieurement qu'il a été revêtu en maçonnerie.

[2] Courtine. — Voir le renvoi de la page 17.

[3] Au flanc droit de ce front.

[4] Le rempart de l'arsenal, désigné encore aujourd'hui sous le nom de retranchement de Guise.

Alors que le beffroi réveillant les alarmes ,
En masse conviait les citoyens aux armes !
Sur ces murs où longtemps ont flotté les fanons
    De si nobles bannières ,
    Lisez , voici gravés les noms
    De ces milices ouvrières :
Là , tour des maréchaux ; plus loin des chaudronniers ;
Ces autres : des maçons , des tailleurs , des boursiers [1] ....
Continuant toujours , nous gagnons , de la sorte ,
Ces vieux *chemins de ronde* [2] et la sévère porte
    Du rempart des Allemands.

Sous nos yeux les voici ces hautes *tours* jumelles ,
De l'entrée , en ce point , fidèles sentinelles ,
Dans l'air nous dessinant leurs encorbellements ,
Et , brillants spécimens de ce bel art gothique ,
Des castels étalant le cortége historique :
Parapet au sommet , créneaux , mâchicoulis ,
Chambre d'orgues , tourelle et l'ancien pont-levis.
Mais , surpassant encor les plus riches parures ,
    De ce vieux monument
    Le plus bel ornement ,
Ce sont tous ces sillons , ces trous , ces meurtrissures ,
Précieux manuscrit , ici tout grand ouvert ,
Aux regards des lecteurs mettant à découvert
Le souvenir vivant des armes Espagnoles ,

---

[1] Ces tours sont situées sur la vieille enceinte de l'arsenal.

[2] Sorte de chemin pratiqué ici , au-dessus de la muraille , entre deux murs en maçonnerie , et faisant suite à cette vieille enceinte de l'arsenal. Les vrais chemins des rondes étaient appuyés en arrière de l'escarpe , au pied même du talus extérieur , et protégés par un petit mur en maçonnerie. On en trouve un exemple dans notre place , le long du rempart Belle-Isle.

— Couleuvrines, pierriers, mousquets et espingoles, —
Qu'aujourd'hui même encor le temps sait respecter,
Et que tout patriote est fier de feuilleter !

. . . .

De cette vieille enceinte achevons la revue ;
Or, il ne reste à voir, en retraite posés,
Que ces remparts gémeaux, à la droite placés,
Et d'une *fausse-braie* [1] offrant ici la vue....
Ouvrages condamnés et tout défectueux,
Dont on peut expliquer la présence en ces lieux,
Seulement par l'appui, qu'heureusement lui donne,
De Belle-Croix, là-bas, notre double couronne.
Eh mais!... de celle-ci, puisqu'il est mention,
Revenons à présent à sa description,
Par trop longtemps déjà peut-être détournée,
Et qu'on doit craindre ainsi de nous voir délaisser ;
Or, loin de là, pour la mieux retracer,
Qu'en ce grand dehors même elle soit crayonnée,
        Et ce, sans différer.

Dans son intérieur donc, voyons à pénétrer...
Des Allemands la porte est la première voie,
Ce n'est point cependant la seule que l'on voie ;
Entrons dans l'arsenal, regardons en avant :
Sur la Seille jeté, couvrant le pont dormant,
A présent, remarquez ce tout petit ouvrage,
        De l'ancien *ravelin* [2]

---

[1] FAUSSE-BRAIE. — Sorte de seconde ou basse enceinte, régnant immédiatement en avant de l'escarpe et qui découpe, pour ainsi dire, celle-ci par le milieu, de manière à former deux étages de feux.

[2] RAVELIN. — Petit ouvrage primitivement placé en avant des portes pour en protéger l'entrée, et qui a été remplacé plus tard par la demi-lune.

Nous présentant l'image ?....

Au travers de ses murs est un second chemin

Conduisant à la *gorge* [1] en ce point faisant face,

Dans son trajet entier parallèle à la place.

De ces *pas de souris* [2] en ces murs enserrés,

Ensemble gravissons les rapides degrés ;

Du *terre-plein* [3] ainsi nous atteignons la pente,

    De son *défilement* [4] . . . .

    Montrant la sage entente.

Pour la défense, ici, quel vaste emplacement !....

Du dehors, y veut-on qu'un corps on introduise ?

Voilà précisément la *porte de secours* [5] :

Qui va, pour cet objet, nous prêter son concours.

. . . .

Ciel ! devons-nous marcher de surprise en surprise ?

Car, tel se détachant de l'arbre le rameau,

Au delà des *glacis* [6], pourquoi sur ce plateau,

---

[1] Voir le renvoi de la page 18.

[2] PAS-DE-SOURIS. — Escaliers étroits et rapides placés en dehors des ouvrages de fortification et conduisant sur leur terre-plein.

[3] TERRE-PLEIN. — Sol même de l'intérieur de l'ouvrage, où se tiennent les défenseurs jusqu'à ce que le besoin de la défense les force à monter sur le parapet.

[4] DÉFILEMENT. — Disposition ou pente donnée au profil d'un ouvrage, pour soustraire les défenseurs, dans tout son intérieur, à l'action des feux de l'ennemi.

[5] PORTE DE SECOURS. — Nom donné, en fortification, à toute porte destinée à introduire les secours dans une place.

[6] GLACIS. — Massif de terre appuyé en avant du fossé d'un ouvrage et s'en allant au loin en pente dans la campagne. Son objet est de placer les assaillants dans le plan de feu de cet ouvrage lorsqu'ils marchent à son attaque rapprochée.

Cette *lunette* avancée [1] ?
Voyez... ne faut-il pas surveiller le vallon
Tranquillement assis au pied du mamelon?...
Cette vedette donc dans ce but est placée.
Or, abrité, veut-on gagner son terre-plein,
Pour cet usage on trouve un conduit souterrain [2];
Et de mines encor règnent des galeries
Sous son sol et le long de ses maçonneries.

. . . .

Mais, assez ; maintenant, qui ne peut estimer
D'un ensemble aussi fort tout l'immense avantage?
Dans quelques mots seuls donc cherchons à résumer
    Cet imposant ouvrage :
Aucun poste jamais fut-il plus précieux ?
En tous points, en tous sens, vois, se croisent ses feux:
Ici sur la Moselle et sur l'île Chambière ;
Là, sur Saint-Julien ; et plus loin sur Vallière ;
Puis... mais, prouver encor serait vraiment oiseux,
Ceci donc exposé, passons à d'autres lieux.

A droite, à quelques pas, si le regard se jette,
On aperçoit bientôt de *Gisors* la lunette [3],
De Belle-Croix flanquant et les raides glacis,
    Et de *Chesnau* la ravine ;
    Puis, du terrain qui l'avoisine,

---

[1] LUNETTE. — Ouvrage composé de deux faces, de deux flancs et d'une gorge.

[2] La galerie qui conduit à cet ouvrage mesure environ 150 mètres de longueur.

[3] Vulgairement appelée fort. Cet ouvrage doit son nom au fils unique du maréchal de Belle-Isle.

Partout, au loin encore, allant fouiller les plis.
En passant remarquons, là, devant cette escarpe,
      — En fortification,
Cas rare et méritant toute l'attention —
Ce glacis appelé *glacis de contrescarpe* [1].
Puis, sur ce flanc, à gauche, un autre cas heureux
De cette *casemate* au tir non désastreux,
Car la défense ici n'y craint ni la fumée,
Compacte et sans issue en ses murs enfermée,
— Au feu de l'assiégeant ennemi presque égal, —
Ni l'incessant danger de toutes ces blessures
Des éclats meurtriers venant des embrasures,
Des casemates, là, toujours étant le mal.

    Eh bien ! plus haut, avais-je tort de dire
      Que constamment de tout,
Avec la patience, on doit venir à bout ?
     Pouvais-je, en effet, mieux prédire ?...
    Jugeons-en !... de notre delta
        Voici déjà
     Toute une ligne parcourue !
Sur la seconde ainsi promenons notre vue.

---

[1] Sorte de glacis employé pour le défilement des chemins-couverts contre les coups de revers, et qui est appuyé immédiatement à la contrescarpe. Au pied de ce glacis, commence alors le terre-plein du chemin-couvert, lequel se trouve ainsi reculé d'autant de la contrescarpe. Le glacis en question est sur la branche droite de la même lunette Gisors.

III.

DU FRONT MAZELLE A CELUI DE LA CITADELLE.

De l'est au sud marchons dans la direction ;
Là serpentent les fronts : de la porte *Mazelle*
     Au demi-bastion
     De l'ancienne *citadelle*.
  Mais, chose rare et que l'on doit noter !
Sur une même ligne est de voir s'emboîter
     Deux fronts des plus dissemblables :
L'un, simple entièrement jusqu'à la nudité,
L'autre, tout au contraire, en tous points incrusté
     D'ouvrages formidables...
     Et, pour les découvrir,
A de bien grands efforts point ne faut recourir.

Regardons, en effet, toute cette partie
     Du saillant [1] de *Saint-Thiébaut*
     A la *Seille* répartie ;
De la place voilà sans doute le défaut,
     Car, cette faible enceinte
A son *escarpe* [2] seule, ici, se voit restreinte,

---

[1] SAILLANT. Voir le renvoi 3 de la page 17.
[2] ESCARPE. — Partie du fossé de la fortification soutenant le rempart ou le parapet, et faisant face à la campagne. — La *contrescarpe* est cette partie du fossé qui lui est opposée, celle, par conséquent, qui regarde l'ouvrage.

Et l'on n'y trouve point, comme partout ailleurs,
Tout ce redoublement d'*ouvrages extérieurs* [1]
D'ordinaire en formant la solide avant-garde :
      Tenaille [2], *réduits* [3],
    Demi-lune [4], *contregarde* [5]...
Dans quelle erreur, hélas ! pourrions-nous être induits !
O profonde hérésie en fait d'art militaire !...
Or çà ! précisément, c'est là tout le contraire,
      Et la moindre réflexion
Amène forcément cette conclusion.
Aux lieux favorisés d'une chaude atmosphère,
Ne se couvre-t-on pas toujours à la légère ?...
Par contre, où ses rigueurs le froid nous fait sentir,
Chaudement n'est-on point réduit à se vêtir ?...
Vous-même, de ces faits tirez la conséquence !...

Mais, en quoi donc, peut-être direz-vous,
D'un front si dénudé consiste la puissance ?
Ne remarquez-vous pas ces eaux tout près de nous,
Au travers des remparts se frayant un passage ?
      Eh bien ! c'est à leur voisinage
Que ce point tout entier doit sa protection.

---

[1] OUVRAGES EXTÉRIEURS OU DEHORS. — Ouvrages placés en avant du corps de place, pour ajouter à sa résistance, et reliés par le même fossé.

[2] TENAILLE. — Ouvrage bas, régnant en avant de la courtine, dont il est séparé par un fossé.

[3] RÉDUIT. — Ouvrage en arrière d'un autre et servant de retraite aux défenseurs de celui qui le précède.

[4] DEMI-LUNE. — Ouvrage composé de deux longues *branches* ou *faces*, et placé en avant du corps de place, devant la courtine.

[5] CONTREGARDE. — Ouvrage en entourant un autre, auquel il sert, pour ainsi dire, d'enveloppe, et qu'il contourne parallèlement, à l'exception de la gorge, à la hauteur de laquelle il s'arrête.

Soudain, par le secours de solides *écluses,*
Entre ces murs discrets soigneusement incluses [1],
Peut surgir à grands flots une inondation,
En un lac transformant jardins, vergers, prairies,
Sous ses ondes, enfin, au loin tout submergeant,...
Désespoir et fléau de ce triste assiégeant
Empêché d'établir sapes et batteries !...

En silence, la nuit, des embarcations
Seules pourraient tenter d'approcher de la place,
Mais, en avant, partout leur faisant face,
De ses feux surveillant leurs opérations,
Au milieu de ces eaux, comme une énorme tache,
— Et d'où vulgairement son surnom de *Pâté* [2] —
    Admirez comme se détache
      Avec orgueil et fierté,
Du canon ennemi défiant le tonnerre,
      Cette redoute en terre !...

---

[1] D'abord, l'écluse à *poutrelles* ou à *bauchons,* en avant de la courtine de Saint-Thiébaut ; puis, celle située sous cette courtine même, laquelle est renforcée d'autres encore, immédiatement en arrière dans la place ; en outre, dans les fossés de la vieille enceinte jusqu'à l'extrémité de l'arsenal, un certain nombre d'écluses et de batardeaux. Du côté opposé — celui allant vers la citadelle — une écluse à portes tournantes lançant un courant d'eau dans le front de la citadelle.

[2] PATÉ. — Pièce placée au milieu d'une inondation et chargée d'en défendre les abords. Toute pièce ainsi située au milieu des eaux prend le nom générique de pièce noyée. — Cette redoute a été construite en 1737, sur l'emplacement de l'ancienne Naumachie, à laquelle conduisaient l'eau des arches de Jouy. Lorsque l'inondation est tendue, elle se trouve entièrement noyée et forme comme une petite île au milieu d'un lac. Cette inondation s'effectue au moyen des eaux de la Seille, qui peuvent s'élever jusqu'à la hauteur de 6 mètres et plus, et s'étendre au loin en avant jusqu'à environ 7 à 8 kilomètres, submergeant ainsi en entier le village de Magny.

De ces forces tel est le merveilleux effet,
Et ce simple élément en est tout le secret.

— Fort bien ! Mais de ce point où donc est le contraire ?
— Quoi ! de lui-même il vient à vos yeux se livrer,
    Et de nouveau, faut-il ici vous le montrer ?...
D'accord !... à vos désirs je m'en vais satisfaire :
De cette ligne, allons à l'autre extrémité,
  En cet endroit où de la citadelle
  Debout encor reste seul un côté.
D'ouvrages successifs combien ce lieu recèle !..
D'abord : au corps de place un puissant *cavalier* [1]
De ce front occupant le pourtour tout entier ;
D'une part, abritant par sa masse de terre,
Les bâtiments voisins adossés en arrière ;
De l'autre, allant partout fouillant dans le lointain
Les divers accidents et replis du terrain.

De la courtine, en deux, découpant la muraille,
Là, cette fausse-braie [2], en guise de tenaille ;
Puis, en avant, ce fossé monstrueux
Par ses dimensions effrayant tous les yeux [3].

Au delà, protégeant cette première armure,
    Voyez, — seconde ceinture
      Et nouveau bouclier —
S'étendre en droite ligne et puis se replier

---

[1] CAVALIER. — Ouvrage construit dans le corps de place, dont il domine le parapet, et qui, par sa grande élévation et son assimilation ainsi au cavalier placé sur son cheval, lui a fait donner cette sorte de nom.

[2] Voir le renvoi de la page 22.

[3] La courtine et le fossé du même front.

Ce long *ouvrage à cornes* [1],
— De cette demi-lune au saillant précédé,
Et d'une autre, de même, à la gorge bardé, —
Plus au loin, de l'attaque allant porter lès bornes.

Sur le versant de ce petit plateau,
Cette lunette en terre, à la droite placée,
Sentinelle avancée,
De Montigny surveillant le rideau [2],

Comme elle, ayant aussi même but en partage,
Sur la gauche, à présent, de *d'Arçon* [3] cet ouvrage,
A l'entour étreignant de son réseau de feux
L'ennemi franchissant ce terrain périlleux :
Ici, sur ce glacis où soudain une mine
S'entr'ouvre avec fracas sitôt qu'il y chemine ;
Ailleurs, dans le fossé,
Où bientôt on le voit ardemment pourchassé ;
De tous ces points, partout, la fusillade éclate

---

[1] OUVRAGE A CORNES. — Ouvrage extérieur composé de deux demi-bastions reliés par une courtine et terminés par de longues branches aboutissant au fossé du corps de place. — L'ouvrage à cornes dont il est question ici a été construit par Vauban, et protége encore ce même front de la citadelle.

[2] La lunette Rogniat ou de Montigny.

[3] Officier distingué du génie, auteur de la lunette qui porte son nom, ouvrage dont le caractère distinctif consiste dans les casemates placées à l'arrondissement de la contrescarpe et désignées sous le nom de casemates à feux de revers, puis dans une tour ronde à la gorge, formant réduit de sûreté. — Cette lunette a été construite en 1791. — Elle occupe à peu près l'ancien emplacement du Champ-à-Pannes, lieu où était située la basilique de Saint-Arnould, monument affecté au dépôt des cendres royales, et que, pour la défense de Metz, à l'époque du siège de Charles-Quint (1552 — seconde attaque), l'on fut forcé de raser de fond en comble.

Et partout le poursuit :

De ces nombreux créneaux, de cette casemate,
De cette ronde tour, formidable réduit.

Pour terminer enfin cette longue revue,
Plus à gauche, à présent, dirigeons notre vue ;
Sur ce sol encaissé, là, que découvre-t-on ?
Vigilante vedette, en avant détachée,
Épiant avec soin les abords du *Sablon*,
Et *de revers* [1] voyant du raill-way la tranchée,
De la défense encore un nouveau complément [2].
L'œil peut-il contempler, sans quelque étonnement,
Ces différents ressauts, ces *traverses* [3] en terre,
Du terre-plein couvrant la largeur tout entière ?...
Mais, là-bas, regardez : *Queuleu*, puis l'*Orméché* [4]...
Par ces masses, ainsi leur tir est empêché,
  Ou du moins de leur canonnade
Se trouvent arrêtés tous les coups d'*enfilade* [5].

. . . .

De ce long chapelet égréné grain à grain,
Voici donc le dernier au bout de notre main ;

---

[1] VOIR DE REVERS. — Un ouvrage en voit de revers un autre quand ses coups, passant par dessus une crête de ce dernier, viennent ficher dans la face intérieure du parapet ou de l'objet à battre, en arrivant obliquement, et les feux de cette nature sont dits feux de revers.

[2] Le nouveau retranchement en terre, élevé à la gauche de la gare, depuis la construction du chemin de fer.

[3] TRAVERSES. — Massifs destinés à empêcher le projectile de parcourir, ou autrement dit, d'enfiler le terre-plein d'un ouvrage.

[4] Coteaux sur la rive droite de la Seille.

[5] COUPS D'ENFILADE. — Ceux qui parcourent ou enfilent toute la longueur d'un parapet.

Mais ce n'est point assez, et déjà je puis lire
Dans vos yeux vingt pourquoi tout prêts à se traduire;
Or, pour vous éviter de vaines questions,
D'avance je réponds à vos objections.

Ceinte de deux cours d'eau : la *Seille* et la *Moselle*,
Sur un riche tapis aux bordures d'argent,
Contemplez cette plaine assise mollement ;
Aux travaux d'une attaque est-il lieu moins rebelle?...
Où trouver, en effet, plus de sécurité?...
Là, son armée entière entre ces murs enclose,
Notre ennemi, tranquille, au siège se dispose
Sans craindre sur ses flancs qu'il soit inquiété...
Puis, de loin, commençant ses sapes en silence,
Pas à pas vers la place à chaque heure il s'avance.
Dans sa seconde attaque¹, aussi, pour ce motif,
Charles Quint choisit-il ce point comme objectif;
Voilà le même sol témoin de sa défaite,
Qui le vit opérer sa sinistre retraite,

---

¹ On sait que ces deux attaques eurent lieu la même année (1552):
l'une, dans le courant d'octobre; l'autre, vers le milieu de novembre; et ce
n'est que par suite de l'insuccès de la première (hauteur de Belle-Croix),
que Charles-Quint se décida à en tenter une autre (celle actuelle), du côté
de la porte de Scarponne. Son quartier général était établi au Sablon, d'a-
bord sur l'emplacement de l'abbaye de Saint-Clément, que les besoins de
la défense venaient de forcer de démolir; puis, dans le château en ruines
de la Horgne, entre Metz et Magny, où on lui avait pratiqué une petite
chambre avec des planches mal jointes, et au travers desquelles pénétrait
vivement le froid, dont il eut extrêmement à souffrir. C'est de là qu'il
partit, lorsqu'il fut forcé de lever le siège. — Le Sablon formait, à cette
époque, un des nombreux faubourgs de Metz, que les besoins de la défense
obligèrent alors de raser. La Fontaine-Brûlée, qui existe encore aujour-
d'hui à l'embranchement de deux petits chemins, occupe l'une des places
ou carrefour de ce faubourg.

Et tous ces champs fleuris sont les divers chemins
Où de ses bataillons s'enfuirent les essaims.
Ici, souvent encor vient s'offrir à la vue,
Du pauvre laboureur d'étonnement frappé,
Soudain, sentant frémir le choc de sa charrue,
D'armes quelque débris de rouille enveloppé.

. . . .

Mais, disons à l'honneur de cette fière Espagne,
Que si tel fut le sort de sa triste campagne,
Tout en mettant en jeu ses flots d'*arquebousiers*,
Tant de *gens de cheval* et force artillerie,
C'est qu'elle avait affaire à de vaillants guerriers,
De la France la fleur de la chevalerie :
Les deux Guise, Nemours, Biron, Montmorency,
Strozzy, Favars, Randan ¹, d'Antragues, Saint-Rémy,
— Tous ces illustres noms, emblèmes de courage,
Pour la France aujourd'hui si brillant héritage! —
D'Ainville, d'Ortobie et tant d'autres encor
Au temple de la gloire inscrits en lettres d'or !!...

Pour qu'un hommage entier se rende à la justice,
N'oublions point non plus la bouillante milice...
Car, avec de tels chefs, toujours dans les combats,
N'est-on pas sûr d'avoir de valeureux soldats?...

Gardons-nous bien surtout de passer sous silence
De ce peuple Messin l'ardeur et la vaillance ;

_____

¹ C'est le seigneur de Randan qui accepta la proposition de rompre des
lances, faite par les officiers d'un détachement ennemi qu'il avait forcé de
s'éloigner des portes de Scarpone et de Saint-Thiébault. Ce combat eut
lieu sur les glacis, en présence des deux troupes : à la troisième course,
de Randan désarma son adversaire dom Henry Menrique.

Hommes, femmes, enfants, de la hotte chargés,
De terre réparant leurs remparts ravagés.

. . . .

Sur ces murs, même encore, et quoique le temps fasse,
Du plomb des Espagnols on retrouve la trace ;
Vers la tour *Serpenoise*, ici, jetons les yeux :
Partout voyez ces trous, ces nombreux interstices ;
De notre vieille enceinte, ô nobles cicatrices,
Voilà le parchemin de nos braves aïeux !!...

. . . .

Tel est parmi ces fronts le côté vulnérable ;
Mais, disons-le bien haut : par ce fait mémorable,
   L'on peut voir cependant
Qu'avec de la valeur, et la science aidant,
Il n'est faible côté qui, dans une défense,
Ne sache faire un jour tenace résistance.

. . . .

IV.

DU FRONT DE LA CITADELLE A CELUI DE CHAMBIÈRE.

———

D'un voyage, on le sait, dont lointain est le but,
Toujours pénible et dur nous paraît le début;
Mais, vienne à s'achever la première partie,
Avec elle souvent la fatigue est partie;
De jour en jour l'on voit l'horizon s'éclaircir,
Et bientôt à nos yeux le port accourt s'offrir.
De ce long examen ainsi puisse-t-il être!....
Notre horizon, à nous, n'est-il pas moins chargé?
Courage! de nouveau, dans un instant peut-être,
De tout nuage aussi sera-t-il dégagé.
Notre carte, en effet, à peine est étalée,
Et déjà presque entière on la voit déroulée....
Que manque-t-il enfin pour en venir à bout?
Sous nos doigts simplement d'étendre ce seul bout.
Or, pour finir plus tôt cette si longue esquisse,
Abordons sur-le-champ ce dernier exercice.

De ce triangle donc, aux deux tiers arpenté,
Parcourons à présent le troisième côté;
Mais, dans tout son trajet — retenez la consigne —
On ne pourra toujours marcher en droite ligne :
Parvenus environ à hauteur du milieu,
En dehors nous devrons nous retourner un peu,

En formant en ce point une courte brisure ;
Après quoi, du delta se ferme la figure.
Ce préambule clos, et ceci bien posé,
Sans un plus long retard voyons notre exposé.

Maintenant faisant face au cours de la rivière,
Voici pour nous alors chacun de ces remparts
Du sud-ouest au nord s'offrant à nos regards,
De notre *ex-citadelle* à la porte *Chambière* :
A gauche, tout d'abord, près du jardin *Boufflers*,
Ces vieux murs terrassés, ces ouvrages divers
Que protége en avant un bras de la Moselle,
Se succèdent ainsi jusques au *Moyen-Pont* ;
Puis, c'est là qu'arrivés, notre ligne se rompt,
    Pour composer, de la sorte,
L'enceinte où du *Saulcy* se rencontre la porte,
Et de cette île au loin surveillant les abords.
A l'extrémité, vient le front du *Pont-des-Morts*,
Dont l'un des bastions, fort d'une *contregarde* [1],
De la même île encore avec succès regarde
    Le parcours tout entier ;
L'autre, pour protéger notre large rivière,
Au front de *Saint-Vincent* accourt se relier.
Celui-ci, pour gagner le saillant de *Chambière*,
Unit du *Pontiffroy* les remparts, en passant ;
Puis, après ce trajet termine la surface
De ce dernier côté fermant le corps de place.

Mais, de nouveau jetons nos regards en avant :
Au delà de ces eaux, quelle est donc cette bande,

---

[1] Voir le renvoi 4 de la page 27.

De bastions serrés véritable guirlande,
Dans ses murs enlaçant ces nombreux bâtiments,
Et pressés et rangés en longs alignements?...
De *Moselle* c'est là notre *Double couronne*,
Grande tête de pont[1], qui de ses feux rasants[2]
     De tous côtés rayonne :
Ici, sur cette plaine au pied de ces versants[3] ;
    Là sur cette route liquide,
    De son onde rapide
De la place en ce point interdisant l'accès[4].
A Cormontaingne tous rendons un juste hommage,
Car de ses mains encor nous retrouvons l'ouvrage[5] !

. . . .

Dans l'île du *Saulcy*, devant nous, là tout près,
Que font partout courant le long de cette rive
De terre composés tous ces *retranchements*[6] ?...
L'assaillant y peut-il aucune tentative...?
Qu'y viendraient donc, hélas ! faire ses mouvements?...
Oh !... rien, sinon jeter un pont sur la rivière !...

---

[1] TÈTE DE PONT. — Ensemble d'ouvrages de fortification destinés à protéger les ponts du côté de la rive occupée par l'ennemi.

[2] FEUX RASANTS. — Ceux qui partent d'un parapet dont le plan de feu suivant presque parallèlement la surface de la partie à battre, la rase, pour ainsi dire, d'où le nom de rasants. — Par opposition, on donne le nom de coups *fichants*, à ceux qui faisant un certain angle avec la surface à battre, viennent la frapper obliquement et s'y logent ou s'y fichent, de là ce nom.

[3] La plaine du ban Saint-Martin et de Devant-les-Ponts.

[4] En amont et en aval de la Moselle.

[5] Le Fort-Moselle, commencé en 1728, a été achevé en 1731.

[6] RETRANCHEMENTS. — On désigne ordinairement sous ce nom, comme on l'a vu précédemment, page 20, les ouvrages de fortification en terre.

Mais là veillent les feux de cette *crémaillère*[1]
Directement[2] ainsi battant tout ce cours d'eau.

A cette pointe, aussi, pourquoi de *Wadrineau*
      Cet immense barrage?
En quelques mots voici son important usage :
Doucement s'épandant comme en un lit de fleurs,
      Et de mille couleurs
      Si richement diaprées,
Du sol environnant par ces eaux séparées,
Voyez, fuyant au loin, se perdre sous nos yeux,
      Ces riantes prairies
A l'assiégeant offrant un point si précieux
Pour ses travaux d'approche et pour ses batteries !...
Or, de l'en éloigner quel sera le moyen ?...
D'étendre sur le fond du pré *Saint-Symphorien*,
A l'aide de ces eaux, une limpide nappe,
Au pic de l'assaillant empêchant toute sape...
Pour cela, que faut-il ?... élever leur niveau...
Et c'est par cette digue et d'autres en la place[3]
Qu'on parvient en ce point à répandre un *blanc d'eau*[4].
De ce barrage alors pour protéger la masse,
En arrière se trouve, avec soin l'observant
      Dans sa longueur entière,

---

[1] CRÉMAILLÈRE.—Ouvrage dont le tracé présente alternativement de longues branches et d'autres courtes, ou crochets, à l'image d'une crémaillère.

[2] On dit d'un ouvrage que ses feux sont directs quand leur direction est perpendiculaire à celle de la crête de leur parapet.

[3] Celle des Pucelles, ainsi que les barrages des moulins de la ville et ceux des ponts qui les précèdent sur l'un et l'autre canal.

[4] BLANC D'EAU. — Petite inondation couvrant la surface du terrain, de 30 à 50 centimètres, quantité suffisante pour le rendre impraticable aux sapes.

Ainsi que le terrain qui s'étend en avant,
    Cette lunette en terre !

De ces ouvrages maître admettons l'ennemi
Cheminant à présent dans l'île du *Saulcy* :
Devant tous ces remparts et leur maçonnerie
De leurs puissants massifs couvrant la *Poudrerie*,
— Dont la défense vient ici de s'augmenter, —
Bientôt il se verra contraint de s'arrêter.
Mais, en sort-il vainqueur ?... cette ligne forcée,
A d'autres feux nourris sa marche est exposée :
Des épais parapets coupant tout ce terrain ;
En la place, plus loin, de ces bouches d'airain
De l'enceinte bordant cette double muraille ¹ ;
Puis enfin, lui payant de même son tribut,
De la *Lunette verte* ², établie en ce but.
Telle est la résistance, en ce point disposée,
Si la ville jamais s'y trouvait menacée ..

. . . .

Eh quoi !... je vous entends maintenant soupirer !...
L'on vous dirait vraiment succombant à la peine ;
Patience ! sous peu je vais vous délivrer,
Et nous pourrons ensemble enfin reprendre haleine.
Mais, pour être achevé, ce modeste tableau
Exige auparavant quelques coups de pinceau ;
Car, sans prétendre au moins faire une œuvre parfaite,
Il ne faut pas par trop la laisser imparfaite ;

_____

¹ La fortification de l'un des longs côtés de l'ancienne citadelle, faisant face à la Moselle.

² On a désigné sous ce nom, dans la direction des fortifications, la lunette en terre placée au pied du mur d'enceinte de l'Esplanade.

Or donc, dans cette esquisse il est un certain coin
Qui de retouche encore exigera le soin.

Un instant, en effet, retournons en arrière ;
Et de notre Moselle aux multiples détours
   Redescendant le cours,
De ce pas pénétrons dans cette île *Chambière*
Présentant étalés sur son tapis moelleux
Plusieurs retranchements plus ou moins anguleux.
Tout d'abord en voici deux de même nature,
Et semblables aussi de forme et de figure :
A droite dans la plaine, environ au milieu,
Le premier[1], aux longs flancs, protége par son feu
   La gorge de *Vallière*,
Et là, voisins encor, les gués de la rivière ;
Puis, de l'île, à la pointe, explorant les abords,
Découvre l'ennemi débarquant sur ses bords.
OEuvre de *Miollis*, il prit ici naissance
Dans ces temps de désastre et de deuil pour la France,
Où jaloux de sa gloire et voulant l'en punir,
Vingt peuples réunis s'en vinrent l'envahir.
L'autre[2], construit aussi dans des moments de crise,
— Mais, de deux fois dix ans seulement antérieur —
Pour soustraire ces murs au sort d'une surprise,
Dans ce rentrant, à gauche, est là comme éclaireur ;
   Par sa *double caponnière*[3],

---

[1] La lunette Miollis, construite en 1815, sous la direction du général dont elle porte le nom.

[2] Autre lunette construite en 1795.

[3] CAPONNIÈRE. — Ouvrage sans fossé, consistant en un simple parapet terminé par un léger glacis, et qui est destiné à protéger la communication d'un ouvrage à un autre. Quand le parapet règne de deux côtés, l'ouvrage prend alors le nom de double caponnière.

Il gagne le saillant de ce front de Chambière,
Du tracé de Vauban montrant les bastions
Aux flancs courbes cachés par les vieux *orillons*[1].
A notre droite enfin, juste lui faisant face,
Nouvelle sentinelle, en avant de la place,
— Vis-à-vis de ce point, où confondant leurs eaux,
Viennent se réunir, la Moselle et la Seille —
Cet ouvrage ignoré[2], qui de ce lieu surveille
De Belle-Croix les glacis latéraux.
    Sorte de haute batterie,
      De fossé dégarnie,
— Mais aux revêtements tout en maçonnerie, —
De sa rive elle voit, aussi directement,
Devant notre arsenal par la Seille mouillée,
      Cette pièce noyée[3],
Comme exemple à donner pour le défilement.
. . . .
Enfin, mettant un terme à votre impatience,
      Objet de tous vos vœux,
Le voici donc venu cet instant bienheureux
      De votre délivrance,....
Car, des fruits tour à tour sortis de ce panier,

---

[1] ORILLONS. — Disposition des extrémités des faces des bastions, formant saillie sur les flancs pour leur procurer une certaine protection. — Vieux système abandonné aujourd'hui.

[2] Ouvrage en maçonnerie surmonté d'un parapet en terre.

[3] (Voir le renvoi 2, page 28). Sorte de demi-lune placée en avant de l'extrémité de l'enceinte de l'arsenal et couvrant un barrage concourant avec ceux en amont, à la retenue des eaux de la Seille; ouvrage admirablement défilé et qui peut tenir encore même que l'ennemi occuperait les glacis de la gauche de Belle-Croix.

Celui-ci, j'en réponds, sera bien le dernier.
Or, libre de ce poids, libre de toute crainte,
Loin de vous maintenant bannissant la contrainte,
A vos transports entiers vous pouvez vous livrer,
Soupirer à votre aise, à longs traits respirer ;
Et tous deux affranchis de ce récit technique,
Au débit monotone, endormant, fatidique,
En chœur écrions-nous : Dieu merci ! le voilà
Sous nos yeux déroulé tout ce panorama !

. . . .

J'y songe, cependant, modérons notre joie,
A l'ennui, de rechef, nous pourrions être en proie,
Car le ciel le plus pur peut encor s'obscurcir !....
Et, tant que quelque meule est gisante sur terre,
Le laboureur jamais n'ose se réjouir....
N'avons-nous pas aussi quelque récolte à faire?
A travers Metz, voyez ! il nous faut maintenant
        Partout furetant, cheminant,
        Marcher à la découverte,....
Et, dans ses murs devant trouver notre oméga,
N'allons-nous point tomber de Charybde en Scylla?
Mais, puisque cette porte exprès nous semble ouverte,
Par son secours courons droit à son examen....
Qu'il soit fait ainsi donc, et disons notre amen !

. . . .

Un moment, néanmoins, avant d'entrer en cause,
Savourons les douceurs d'une légère pause.

V.

A TRAVERS LES RUES DE METZ ET SES MONUMENTS.

PREMIÈRE SECTION.

Le fort Moselle, l'île Chambière; les quartiers: Pontiffroy, St-Clément, du rempart
Belle-Isle, St-Vincent, de la Poudrerie, du Pont-des-Morts.

De toute ville ouverte, ô libres habitants,
Heureux, vous qui pouvez constamment, en tout temps,
Tranquilles regagner, sans nul souci de l'heure,
      Votre calme demeure,
Certains, quoiqu'il advienne, en ses murs d'aborder!...
Quant à nous, citoyens d'une ville de guerre,
Gardons-nous bien, hélas! de trop nous attarder,
Sous peine d'arriver quand un maudit Cerbère
De notre asile vient de nous fermer l'accès!...
O doux sort, en effet — commun aux places fortes —
A tel instant donné vont se clore leurs portes,
Et malheur à celui qui ne rentre qu'après...
Le voilà prisonnier jusqu'à leur ouverture!...
Or çà, nous qui voulons leurs défilés franchir,
Empressons-nous d'entrer avant leur fermeture.
Mais, lequel d'entre tous pourrions-nous bien choisir?...
Car, de ces portes, huit donnent entrée en ville,
Sans compter même encore — et notez bien ceci —
La porte *Ste-Barbe* et celle du *Saulcy* ₁;

₁ Ces deux portes ne communiquant, pour ainsi dire, qu'avec des ouvrages de l'intérieur de la place.

D'abord : celle de *France* ; ici de *Thionville* ;
Puis, dans ce coin là-bas, retirée en dedans,
A tous les artilleurs cette autre familière,
     La porte de *Chambière*.
Continuant toujours : celle des *Allemands*,
Et successivement les suivantes : *Mazelle*,
Saint-Thiébault, *Serpenoise* et de la *Citadelle* ;
Or, pour faire cesser toute indécision,
Pénétrons par rang d'ordre en chaque section.
— Eh !... n'est-ce pas trouver une nouvelle ornière ?
Voyez !... nous conduisant droit en ces mêmes lieux,
    Voici déjà la porte de Chambière ;
A la suite, à présent, si nous jetons les yeux,
Celle de Thionville et cette autre de France !
A laquelle allons-nous donner la préférence ?
N'importe donc alors quel que soit le chemin,
Et prenons la dernière ici sous notre main ;
Qu'elle forme le nœud de la première maille
Des cinq divisions[1] composant le réseau
En tous sens se croisant entre notre muraille.
Soit donc, et déroulons notre long écheveau !....

Au travers du glacis prenons cette ouverture
Au tir de l'ennemi présentant sa courbure[2],
Et, du long défilé qui de là va partir,

---

  [1] La ville étant partagée, comme nous avons eu l'occasion de le dire dans l'introduction de cet opuscule, en cinq subdivisions, prenant le nom de *sections* et qui concernent : la répartition contributaire, le recensement de la population, et les secours à administrer dans les sinistres des incendies.

  [2] L'entrée d'une place forte présente toujours une certaine courbure pour en soustraire l'intérieur à l'enfilade des projectiles ennemis.

Pour n'être pas heurtés hâtons-nous de sortir ;
Car, ne voyez-vous pas accourir à la file
Ces voitures venant de tous points de la ville :
Qui, pour nous transporter dans ces gais environs [1],
En ces villas ornant nos coteaux, nos vallons ;
Qui, pour conduire en hâte, et là-bas, *à la gare* [2],
Que ce simple glacis de la ville sépare,
Les voyageurs partant à toute heure du jour,
Ici pour Thionville, et là pour Luxembourg ?

Ce trajet parcouru, non sans impatience
     Et sans certain effort,
    Heureux de notre délivrance [3],
Nous voici maintenant dans l'intérieur du fort.
De *Paris* devant nous, se présente la rue,
De la ville en ce point, direct cheminement,
En premier lieu venant offrir à notre vue
D'uniformes maisons le droit alignement.
Là, de cet art divin, gloire du moyen âge
Dont les saints monuments reflètent les produits,
Souvent tout Metz se rend en doux pèlerinage
Pour venir admirer de riches nouveaux fruits [4].
A gauche s'étendant cette bruyante place,
De ses constructions nous présentant la masse,
Véritable échiquier où vont partout courant,

---

[1] Les villages de Longeville, Moulins, Scy, Lessy, Jussy, Ste-Ruffine, Chazelles, Vaux, Ars, Jouy, etc.

[2] La gare de Devant-les-Ponts.

[3] Ce passage, en effet, est tellement fréquenté, que lorsque les voitures viennent à s'y succéder, les piétons ont mille peines à s'en garer et à sortir de ce défilé.

[4] Ateliers de peinture sur verre de M. Maréchal

Serrés à l'unisson des plantes d'un parterre,
Et suppôts, la plupart, des besoins de la guerre,
Vingt bâtiments divers, d'usage différent [1].

Au milieu, remarquez, — juste objet de surprise! —
Du divin signe orné de la rédemption,
Asile vénéré de la dévotion,
De *Saint-Simon*, ici, cette modeste église [2]!....
Plus loin, bordant le quai, cet autre monument
Refuge de douleur, refuge de souffrance,
Triste et muet témoin du plus pur dévouement,
Et des nobles efforts tentés par la science [3];
Tous ces autres encor, dont un trop long détail
Pourrait bien, à la longue, être un épouvantail....

Passons donc, mais avant de quitter cette zône,
D'un regard honorons ce petit *polygone*
Qu'en ce point resserré montre ce bastion,
Et pour tout bon pékin digne d'attention [4].
Puis, payons un tribut à l'heureuse alliance,
Qui, là, sur ces murs vient de grouper ces beaux noms :
Pilâtre des Rosiers, et plus loin *Richepance*,
De notre cher pays deux illustrations.

---

[1] La place du Fort, où se trouvent magasins de toutes sortes : à poudre, à fourrages, de lits militaires; écuries; caserne d'infanterie; quartier d'artillerie, etc.

[2] Construite en 1740 ; M. de Saint-Simon, évêque de Metz, et le maréchal de Belle-Isle en posèrent la première pierre.

[3] Hôpital militaire ; commencé en 1732 et terminé en 1751.

[4] Petit polygone pratiqué dans le premier bastion, à gauche, pour les manœuvres d'artillerie du régiment de cette arme, caserné au fort

. . . .
Laissant là maintenant notre ruche guerrière,
Sur-le-champ nous allons traverser la rivière,
Pour finir l'examen de cette section,
Au delà se trouvant son autre portion.
Prenons, si vous voulez, le pont de *Thionville*,
A cette extrémité jeté sur nos deux bords,
Ou, si mieux vous aimez, plus haut le *pont des Morts*,
L'un et l'autre menant au centre de la ville.
— Naguère monuments tombant de vétusté,
En ce jour, au contraire, honneur de la cité [1] ! —

De ces rives, eh bien! pour franchir la distance,
Du premier de ces ponts empruntons l'assistance,
Mais, en le franchissant, contemplons ce tableau
A nos regards offert sur ce vaste cours d'eau [2].
Son parcours achevé, suivant cette lisière [3],
Nous pouvons pénétrer dans l'île de *Chambière;*
Ensemble, croyez-m'en, entrons quelques instants,
Qui sait?... n'aurons-nous pas perdu ces courts moments.
Sous nos yeux, en effet, cette immense prairie
Enfermée en ces eaux comme en une prison,
Et qui ne voit verdir qu'un si maigre gazon,
Bientôt va retentir sous les coups du canon,

---

[1] Ces ponts ont été restaurés et élargis : le pont des Morts, en 1815; celui de Thionville, en 1853. Le premier se compose de 13 arches, et embrasse 207m de long et 13m,16 de large ; le second, le Pontiffroy ou pont de Thionville, a la même longueur environ et 11m,10 seulement de largeur.

[2] Magnifique panorama se déroulant en amont comme en aval de la Moselle.

Le chemin-couvert, aboutissant au Pontiffroy et conduisant au polygone.

Car voilà le champ clos de notre artillerie !...
Sol des nobles calculs et des rudes travaux !
     Sol de la trajectoire !
Où depuis si longtemps tant de jeunes héros,
Accourent se former aux leçons de la gloire !...

D'ici donc regardez tous ces *épaulements* [1]
Avec art soutenus par maints revêtements ;
Derrière, protégés par leurs massifs de terre,
Côte à côte rangés ces lourds engins de guerre :
     Et canons et mortiers,
     Obusiers et pierriers.

. . . .

La trompette a donné le signal des *écoles* [2] ;
Au sein de l'air voyez, traçant leurs paraboles,
Ou bien frappant le sol de leurs bonds répétés,
Atteignant ces *affûts* pourtant bien abrités [3],
     Ces rapides projectiles
Aux ressauts supputés par des mains tant habiles !...
Ou bien encor, là-bas, par leurs coups renversés,
Sous un tir de *plein fouet* [4], ces *blancs* [5] tout près placés

---

[1] On donne, dans l'artillerie, le nom d'épaulement aux massifs en terre ou parapets derrière lesquels sont placés les artilleurs et leur matériel de guerre, et qui sont destinés à les protéger contre les coups de l'ennemi.

[2] On sait qu'on désigne dans le langage militaire, sous le nom d'écoles, les divers exercices relatifs à chaque arme ; celles dont il va être mention ici concernent le tir des différentes bouches à feu.

[3] Affûts consistant en un simple bâtis en bois, placés dans le chemin-couvert d'un petit redan construit à 350^m des batteries, et servant de but aux bouches à feu dans les écoles du tir à ricochet.

[4] Tir atteignant directement le but sans toucher préalablement terre.

[5] Disques en bois servant de but au tir du canon.

Du pied de cette *butte* [1]
Aux projectiles, là, s'opposant dans leur chute.

. . . .

Mais évitons ainsi ces pauses en chemin,
Notre horizon, hélas! est bien assez lointain!....
Hâtons-nous donc alors de faire volte-face,
Et vite regagnons l'intérieur de la place....

Cependant n'allons point oublier, en passant,
Ces étroits bâtiments devant nous se pressant
          Dans cette vaste enceinte,
Terrible et noir séjour de danger et de crainte,
Où ce puissant agent de la destruction
Chaque jour préparé pour divers artifices
Sans cesse est menaçant d'y faire explosion [2].

N'omettons point non plus ces tristes édifices
Dans ce grand carré long tout autour élevés,
Où de son sang payant notre trop grande estime,
Innocente pourtant, quelque pauvre victime
De ce sinistre sol vient rougir les pavés [3].

— Mais, là-bas regardez!... dans un morne silence
Un funèbre cortège en ce chemin s'avance!....

――――――――――――――――――――――

[1] Forte élévation de terre établie dans un polygone d'artillerie, aux distances déterminées pour la portée des projectiles, afin d'arrêter ceux-ci dans leur chute.

[2] École de pyrotechnie, placée au pied des glacis, en avant du front de Chambière.

[3] Les abattoirs, situés sur le bras droit de la Moselle, vis-à-vis de son confluent avec la Seille; bâtiments de récente construction.

7

Est-il donc par ici de ces lieux du repos
Où l'homme vient trouver la fin de tous ses maux?....
— Oui, plus loin il existe un double champ d'asile,
Symbole le plus vrai de la franche union,
Là reposant en paix chaque communion [1]....
Voulez-vous visiter cette extrême demeure?....
Venez ! — Oh! non, non, non... au contraire, sur l'heure,
De grâce, empressons-nous de détourner les yeux
      De ces trop sombres lieux
Où notre âme inquiète et toujours oppressée
Ne rencontre partout que lugubre pensée,....
— Soit ainsi!... Toutefois, avant de fuir ce bord,
De la Moselle, au moins, il nous faut voir le Port [2].

. . . .

Bien !... gagnons à présent la *Porte de Chambière*
Et cette rue, en face, aussi du même nom,
Auprès des artilleurs tout autant en renom
Que chez les Marseillais l'illustre Cannebière.
Empressons-nous pourtant de le dire bien haut :
Entr'elles, par malheur, ah! combien il s'en faut
Qu'il se puisse trouver la moindre ressemblance!....
Car ce n'est point, grand Dieu! par sa magnificence,
Par ses proportions, ou bien par sa beauté,

---

[1] Les deux cimetières placés vers l'extrémité de Chambière, dont un affecté au culte israélite. Les cimetières de Metz sont au nombre de cinq : un, entre la porte Ste-Barbe et celle des Allemands; les deux, en question, de Chambière; un quatrième, entre la porte de Thionville et celle de France, lequel doit être incessamment reporté plus loin; le cinquième, près de la Croix-de-Lorraine, sur la route de Strasbourg.

[2] Ce port est situé sur la rive gauche de ce bras de la Moselle, à la hauteur du pont suspendu, dont la construction date de 1831.

Que la nôtre a conquis cette célébrité ;
Mais... écoutez ces chants !... partout la gaîté brille ,
Et là chaque chambrette , et là chaque maison
    Pour la gent du canon
    Devient une famille !....

Cependant, triste aspect !... ici , ce monument[1]
Ne pourrait-il servir de haut enseignement ?....
Mais , hélas ! d'un tel lieu l'on détourne la vue !....
De même aussi, plus loin dans la prochaine rue
    Du nom de *Pontiffroy*,
De pareille nature et de semblable alloi.
De celle-ci, puisque nous atteignons l'entrée,
De nos regards alors qu'elle soit effleurée;
Et sur elle un moment fixons l'attention,
Cette voie , en ce point , comme un trait d'union,
Nous traçant les confins de la zône guerrière
    Et de celle écolière.

Dans ce long périmètre — à droite situé —
Dont tous ces bâtiments occupent la surface[2],
Remarquez , en effet, ici comme s'entasse
Leur énorme pâté de soldats obstrué ,
Où viennent se caser — comme en leurs alvéoles
Les abeilles rentrant pliant sous leur butin : —
Ouvrier militaire, artilleur, fantassin.

. . . .

---

[1] L'hôpital de *Bon-Secours*, situé à l'entrée de la rue Chambière, vis-à-vis
de la porte de ce nom; sa construction remonte à l'année 1691.

[2] Les nombreux bâtiments militaires, situés en arrière du front de Chambière, et qui comprennent : les deux casernes du même nom, se faisant face
et affectées, l'une, aux logements des troupes de l'artillerie, et une partie

A gauche maintenant le quartier des écoles :
  De récente fondation ,
Chère à tous les amis de la religion ,
En premier lieu déjà cette institution ,
  Ou *Collége des Pères*[1] ;
D'ordre primaire , là , cette autre des *chers Frères*[2] ;
Et là-bas , à la suite , humble comme ces fleurs
Sous l'herbe dérobant leur précieux calice ,
  Ce modeste édifice
Saint asile fondé par ces si dignes *Sœurs*[3] .
Ah ! sachez les bénir , bienheureuses familles
Et cent fois plus aussi , vous toutes jeunes filles !...

. . . .

Continuons encore et gagnons à présent
Là , devant nous , tout près , la place *Saint-Vincent;*
Que vois-je !... débouchant partout de rue en rue ,

---

de l'autre, à celui des troupes d'infanterie; en avant de celles-ci, une ligne d'écurie; à leur gauche, les forges pour le service des régiments d'artillerie ; puis, le manége; à droite, le pavillon des fours, contenant la manutention et des logements pour les compagnies d'ouvriers.

[1] L'institution des Pères Jésuites , établie sur les terrains de l'ancienne église de Saint-Clément. L'abbaye de Saint-Clément, existait primitivement dans le Sablon; mais ayant été détruite dans le siége de 1552, elle fut transférée dans le couvent des Pucelles, près du pont des Hautes-Grilles; puis, son emplacement étant devenu nécessaire pour l'extension des fortifications, elle fut transférée dans celui qu'elle occupe aujourd'hui. Commencée en 1668, elle fut achevée en 1705. Quant à l'église, elle ne fut terminée qu'en 1737, et son portail seulement en 1759.

[2] Succursale de l'école des Frères de la doctrine chrétienne, établie depuis quelques années rue St-Vincent.

[3] Institution des sœurs de Sainte-Chrétienne, établie rue et place Saint-Vincent.

D'écoliers pourquoi donc cette foule se rue
    Vers ce grand monument ?...
Et grossissant toujours, de moment en moment,
    La bruyante cohorte
Comme les flots serrée, en assiége la porte !...
Mais quoi !... n'entends-je point le tambour retentir ?...
Et la porte engloutit cette masse empressée...
Plus de doute, et mes yeux finissent par s'ouvrir !...
Le voici sous nos yeux ce célèbre *Lycée* !...

Salut à toi !... salut !... gloire de la cité !...
    Temple de la science !
Tout récemment encor si noblement cité[1] !...
O toi, qui de nos fils conduis l'intelligence,
Enseigne-leur toujours le chemin du progrès,
Et couronnant nos vœux, puisse la Providence
Constamment assurer tes glorieux succès !!...
Mais, imprégné de l'air de ton saint voisinage,
Dieu peut-il donc manquer de bénir ton ouvrage !...
Et quel signe plus grand de sa protection
Que ces lieux de prière et de dévotion
Auxquels il a soudé, dans sa bonté profonde,
    Le ciment de tes murs [2] !...

---

[1] Notre scientifique établissement, en effet, vient de recevoir du Ministre de la guerre, le plus glorieux témoignage de l'importance de son enseignement, par cette mention : qu'au dernier concours d'examen pour l'admission à l'Ecole spéciale militaire de Saint-Cyr, il a obtenu, cette année, le premier rang parmi tous les établissements de France préparant à cette école, ceux de Paris même compris. Le Lycée est établi dans l'ancienne maison conventuelle de l'abbaye de St-Vincent.

[2] D'un côté : l'église de Saint-Vincent, à laquelle il se trouve adossé ; puis de l'autre, Sainte-Constance, magnifique établissement consacré à l'éducation

Ah !... de telles faveurs quand sa main vous inonde ;
Où jamais rencontrer aucuns gages plus sûrs !!...

. . . .

— Poursuivons toujours... là, dans cette même rue,
Pourquoi donc d'ouvriers cette allée et venue ?...
— Vois !... c'est le magasin et de *l'habillement*
Et de tous les objets servant au *campement* [1].

Ciel !... d'où vient, par ici, cet infernal tapage ?
On dirait des enfants en récréation...
　　　— Des *écoles municipales*
C'est qu'en effet voilà l'une des *succursales*
Établie en faveur de cette section,
Et venant clore enfin notre zône écolière [2].
Pour nous aussi bientôt approche la barrière
Qui de quelque repos doit nous marquer l'instant ;
Toutefois, reprenons notre course en avant :

. . . .

Du *pont des Morts* puisque voici le voisinage,
A cette œuvre, avec moi, venez donc rendre hommage [3].

---

de pauvres orphelines, et fondé en 1819 par la bienfaisance de M. Hol-
landre, en mémoire de sa fille unique qu'il perdit à l'âge de 17 ans, et
dont cet asile porte le nom. Quant à l'église St-Vincent, commencée en
1248, elle a été achevée seulement en 1376 ; ses deux dernières travées et
son portail ne datent que de 1751 à 1756.

[1] Ce magasin est situé rue Saint-Marcel, dans le bâtiment occupé jadis
par les Ursulines et dont la construction remonte à 1663.

[2] L'école municipale de la rue Saint-Marcel, l'une des cinq écoles mu-
tuelles instituées par la ville.

[3] L'un des plus anciens ponts de la ville, avec celui du Pontiffroy, et dont
on fait remonter la construction à la fin du XIII⁰ siècle. La concession de ce
pont fut accordée à l'hôpital St-Nicolas, à la condition par celui-ci que :

Mais en chemin, ici, fixons notre regard
Sur cette promenade — antique boulevard —
Vouant au souvenir un nom cher à la ville ;
Nous faut-il ajouter : c'est le rempart *Belle-Isle* [1] ?
Avec bonheur encor consignons cet aveu :
Que si Metz nulle part ne montre aucune rue
Susceptible, vraiment d'être offerte à la vue,
De villes, en revanche, en promenades peu
      Soutiendraient avec elle
      Un juste parallèle,
Car, sur tout son pourtour, d'ombre un constant réseau
Prête à ses habitants son bienfaisant faisceau.

Mais de ce pont voici la subite présence,
Voyons si la critique est réduite au silence ;
Or, çà, frondeur, parlez : certaine objection
Doit sans doute être au bout de votre opinion,
Et déjà la réplique est toute préparée.
— Eh bien ! non, je l'avoue — et m'en estime heureux —
Ce noble monument est digne de ces lieux...
Et pourtant... puis-je bien en croire ici mes yeux ?...

---

qui oncques morroit... donneroit as novel pont, le meilleur warnement de
robes qu'il averoit au jour de sa mort. Ce nom lui vient donc du tribut pré-
levé sur les morts, et non, comme on a pu le croire, des exécutions criminelles qui s'y faisaient ; puisque celles-ci n'y ont eu lieu qu'à dater de 1513
et qu'en 1255 il s'appelait déjà le pont des Morts.

[1] Cette promenade, bordée d'une magnifique allée d'arbres plantés en 1737,
embrasse tout l'espace compris entre la porte du Pont-des-Morts, jusqu'à
celle du Pontiffroy. Au milieu de cet intervalle se rencontre le bastion
Saint-Vincent, entièrement planté d'arbres aussi, et qui, en découpant ce
boulevard, y vient ajouter à la beauté par le surcroît de son ombrage. En
face, se trouve la place Saint-Vincent encadrée entre deux rangs de maisons, l'église Saint-Vincent et le bastion précédent.

Dans ces tonneaux étroits ces femmes encaissées,
Depuis l'aube du jour jusqu'au soir exposées
    — Tout le long de ce bord, —
Au froid comme à la pluie, à ce vent qui les tord,
Et d'un soleil brûlant aux terribles morsures,
Du bon Dieu sont-ce là les pauvres créatures [1] ?...
Quand un chétif village ou le moindre hameau
De sains lavoirs couverts jouit du bénéfice,
D'une grande cité, tel est le frontispice !!!...
Oh !... bien vite fuyons cet affligeant tableau !...

— Sans doute à cet égard, loin de vous contredire,
Peut-être bien est-il quelque chose à redire,
Cependant n'est-ce point aller un peu trop loin ?...
Car bientôt vous verrez si toujours notre ville
De la sorte ne sait qu'exciter votre bile ;
Reposez-vous alors sur elle de ce soin.
— Eh bien ! donc tout ravi j'en accepte l'augure.

— A droite, maintenant, prenant cette clôture,
Venez, cher compagnon, visiter par ici
    Notre *île du Saulcy*.
— Entrons... mais... arrêtez... par cette porte ouverte,
Quelle admirable vue à nos regards offerte !...
Où trouver, dites-moi, plus ravissant séjour ?...
En ces lieux échappant à la chaleur du jour,
Quel bonheur de pouvoir, abrité sous l'ombrage
    De cet épais feuillage,
En silence écoutant le murmure des eaux,

---

[1] Le lavoir du Pont-des-Morts.

Savourer à longs traits un bienfaisant repos
Et ces charmes trompeurs de douce rêverie !...
— Malheureux !... mais, ici... c'est notre *Poudrerie* !...
— Que dites-vous, grand Dieu !... de grâce il faut sortir,
A des dangers, en vain, pourquoi vouloir s'offrir ?...
— Soit donc, venez alors, et de cette peinture
Courons atteindre enfin la première bordure.

En route, saluons cette belle maison,
De bon goût, de comfort, type de la demeure,
De cette voie ainsi véritable blason ! !
— Par contre, permettez, en passant, tout-à-l'heure,
A mes yeux s'est offert un hideux bâtiment,
Propriété, je crois, de la ville elle-même,
— De ruines, hélas ! pouvant être l'emblème —
En face, par ici d'un certain monument.
C'est là sans contredit un revers de médaille,
Dont j'aurais en secret gardé l'impression,
Mais, à présent, forcé par votre mention.
— Certes ce bâtiment ne montre rien qui vaille,
Et cependant, qui sait ? avec orgueil, plus tard,
Peut-être pourra-t-il mériter un regard...[2]
En attendant, venez, que je vous dédommage !...
            Et cette fois, je gage,
Nous serons à l'abri du précédent affront.

---

[1] La maison Geisler, à l'entrée de la rue du Pont-des-Morts, près de la porte de France, construction qui date seulement d'une dizaine d'années.

[2] L'ancienne *Maison Abbatiale* ; ce bâtiment placé sur le rempart Belle-Isle, et sur la rue St-Marcel où il fait face au lycée, occupé pendant un temps par une filature et aujourd'hui servant de magasin à l'industrie, attend une nouvelle destination qu'il serait bien à désirer que l'on pût voir se réaliser le plus promptement possible.

. . . .

Comme en un riche écrin, en ces murs enchâssée!
— Regardant en aval, au milieu de ce *pont* [1], —
Voyez cette onde, au loin, s'enfuir près du lycée,
Nous montrant tour à tour dans ses reflets brillants,
Cette verte ramée et ses tons chatoyants !...
L'œil peut-il se lasser de cette vue exquise,
Qu'on jurerait vraiment empruntée à Venise,
    Des bords du Rialto,
Et que doit réclamer seul un Canaletto [2]?
Rien n'y manque... et chantant les douces barcarolles,
Dans ces esquifs voilà, comme dans les gondoles,
    Ces bruyants matelots,
De leurs rames, fendant et sillonnant les flots !
Eh bien! frondeurs, que pouvez-vous donc dire ?
Votre critique ici trouve-t-elle à redire ?

— Oui, c'est là sans nul doute un gracieux tableau,
Et digne, avouons-le, du plus savant pinceau...
Mais... des yeux en doit-on croire le témoignage ?
Vous-même, regardez !... là, d'étage en étage,
    A ces murs accolés
    Ces petits édifices,
Au gré du vent livrant ces papiers maculés,
De tous points échappés à leurs vils orifices !...

---

[1] Le pont *Saint-Marcel* jeté sur le canal allant baigner le Théâtre et la Préfecture; construit en 1737, ainsi que la rue du même nom qui aboutissait alors à celle St-Marcel; quant à son prolongement jusqu'au rempart, il s'est effectué en 1801.

[2] Peintre célèbre, né à Venise, vers la fin du XVIIe siècle, et qui a composé un grand nombre de vues de cette ville, œuvres fort recherchées. Le Louvre possède six tableaux de ce maître.

Ah !... comme l'insulaire ami du plumpudding,
Ecrions-nous bien haut : *shocking !... very shocking !...*
A la rescousse donc !... au nom de la décence,
  Du bon goût et de l'art,
Que ce tableau choquant d'extrême répugnance,
Ne vienne plus ici blesser notre regard !...

. . . .

Or voilà, dites-moi, devant nous, la limite
  De notre section,
Déposons donc alors maintenant le crayon,
Et pour un autre jour remettons cette suite.

VI.

Les quartiers : Saint-Pierre, de l'Arsenal, de la Basse-Seille, du Jardin botanique, du Haut-Poirier, des Murs ; de la Bibliothèque et des Jardins.

Mais le soleil, au loin, se lève à l'horizon,
Et l'inonde déjà de ses flots de lumière ;
Debout, donc, reprenons vite notre bâton,
Nous avons à franchir une longue carrière !...
— Sur-le-champ même, eh bien ! partons, et que soudain
Le crayon affilé vienne armer notre main.
Par où donc devons-nous entamer notre route ?
Ici venant s'offrir, dans ce but, deux chemins :
Au milieu, là, ce pont¹ ; l'autre, sur ces confins ².
— Chacun d'eux nous étant indifférent, sans doute,
Par le premier, alors, sauf votre opinion,
Commençons l'examen de cette section.

A droite, nous trouvons, d'abord, le quai *Saint-Pierre* ³,

---

¹ Le pont *Saint-Georges*, l'un des plus anciens de la ville, réparé en 1745.

² Le pont *des Grilles* reconstruit en pierres, en 1745. Il s'appelait auparavant le *Rhinport* ou *Port-du-Rhin*; il était alors en bois et couvert, et ne servait qu'aux piétons.

³ Ce quai tire son nom du *Grand-Moustier* ou *Saint-Pierre-aux-Nonains*, abbaye de femmes, établie d'abord sur le terrain de la Citadelle et transportée en 1552 en cet endroit. Il présente une petite promenade, connue sous le nom d'*Esplanade des juifs*, occupant l'emplacement de l'ancienne *Caserne de Saint-Pierre*, démolie en 1816.

Mais, si vous m'en croyez, côtoyant la rivière,
    Et marchant en aval,
De ce pas même allons visiter l'*Arsenal ;*
A moins donc toutefois, qu'ici, sur ce quai même,
    Vous ne vouliez contempler en courant,
Perle de ces maisons, leur riche diadème [1];
Où que, dans les bureaux de notre *Indépendant* [2],
Vous n'ayez, par hasard, à traiter quelque affaire ;
Ou bien enfin, encor, comme administrateur,
Que vous ne désiriez avoir l'insigne honneur
En ces lieux de venir visiter notre maire [3];
Sinon, des ateliers de Mars et de Vulcain
Ensemble empressons-nous de prendre le chemin.
— Soit... mais n'errez-vous pas... et quelle est cette rue
Impossible à nos pas et rebelle à la vue ?
— Celle où ne retentit nulle part un *credo*,
Ou, pour mieux m'exprimer, de Metz notre Ghetto [4]!
Entendez-vous d'ici, franchissant ce portique,
De Sion résonner les accords du cantique !
Or, du Dieu d'Israël le *temple* est sous vos yeux [5]!...
Des enfants de Juda dans l'enceinte, derrière,
L'*école* préparant au culte, à la prière,

---

[1] La maison François-Vaillant, riche construction récente, faisant face à la fois et sur le quai et sur la rue des Jardins où elle se trouve avoir un étage de moins.

[2] L'*Indépendant de la Moselle*, l'un des journaux du département.

[3] C'est en effet sur le même quai que se trouve la demeure de M. Maréchal, maire actuel de la cité.

[4] La rue dite autrefois des Juifs, aujourd'hui de l'Arsenal.

[5] La Synagogue, commencée en 1847, achevée en 1850. — Monument d'architecture hybride dont il est difficile d'assigner au juste le vrai style.

Nouvelle annexe aussi dépendant de ces lieux[1]...
A quelques pas, plus loin, et sur la même ligne,
     Ce bienfaisant *chauffoir* ,
OEuvre sans contredit si louable et si digne !
Mais où l'art, par malheur, hélas ! n'a rien à voir[2].
Enfin , là-bas encor, regardant la rivière,
Sur ce quai — quant aux mœurs — équivoque et scabreux,
Pour la même tribu retraite hospitalière ,
Cet humble et triste asile offert aux malheureux[3].

. . . .

Saluons cette porte , aux foudres pour emblème,
Dont l'aspect, à lui seul, nous dit l'*Arsenal* même [4]...
Mais avant de franchir ce sombre et triste seuil,
Si fréquemment foulé par ces engins de deuil,
     De meurtre et de souffrance,
Ah !... courbons tous nos fronts devant cette puissance !

Entendez-vous déjà le bruit des lourds marteaux ?
Sous la lime grincer le fer dans les étaux ?
Des travailleurs voyez la foule qui s'agite,
Va , vient , sort de ces lieux, y rentre, puis les quitte!
Partout la même ardeur... partout le mouvement !...

. . . .

Sous ce léger abri, regardez à présent,
D'Ehrenbreistein voilà cette fameuse pièce ,

---

[1] L'école rabbinique , construite en 1859-1860.

[2] Etablissement légué en 1840 par un israélite, M. Halphen, et élevé seulement en 1860.

[3] L'hospice israélite, sur le quai de l'Arsenal; — quartier mal habité e triste réceptacle de lieux mal famés.

[4] L'Arsenal de l'artillerie.

Signalée au public sous le nom de *Griffon*,
Et de tout visiteur fixant l'attention [1]!....
En tous points s'élevant ces imposantes piles
L'un sur l'autre posés montrant ces projectiles [2]!....
En avant de ces murs, tout au long s'enfuyant,
Ces instruments de mort au reflet si brillant [3];
Et brusquement saisi par la dent de la scie,
De son tranchant mordu, là cet arbre qui crie [4].

Mais... sous nos pieds ici quel est donc ce bruit sourd
Du sol même ébranlant la masse tout entière?....
Entrons, et vous verrez le métal le plus lourd
D'un seul coup écrasé comme une simple pierre [5].
Plus loin, ces noirs réduits, en ce lieu, de l'enfer
      Images trop réelles,
En fureur, inondant tous ces globes de fer
D'un océan de feu, de flammes, d'étincelles,
En gerbes retombant sur l'ardent travailleur
Au corps tout ruisselant sous ces flots de sueur [6].

---

[1] Canon énorme, en bronze, pris à Ehrenbreitstein, en pluviôse, an VII, et dont l'époque de la fonte remonte à 1518. Son poids est de 13,192 kil., celui de son boulet de 75 kil.; le diamètre de celui-ci, d'environ 23 cent. On a construit en 1812, à l'arsenal de Metz, un affût pour cette pièce monstrueuse; c'est celui sur lequel elle est montée à présent. Sa longueur est de environ 6m,50, et son poids, de 5,500 kil.; le diamètre de ses roues, de 1m,05.

[2] Les nombreuses piles de projectiles.

[3] Les diverses bouches à feu reposant sur les chantiers.

[4] La scierie.

[5] Le martinet.

[6] Les forges.

Fruit de tant de labeurs et de fatigue amère,
Avec soin engerbés, voici sous ces abris,
De tous les plus puissants, matériel de guerre !
Tes nombreux éléments en ce point réunis [1] !

. . . .

Le visiteur ici se foule, ce me semble,
Eh bien ! suivons ses pas et pénétrons ensemble :
     Montons cet escalier.
— Mais, voyez !... pourquoi donc, en haut sur ce palier,
  Ainsi garnir ses pieds de nouvelles chaussures ?
— De la *salle* à l'instant s'offrant à nos regards
Pour mettre le parquet à l'abri de souillures [2] ?
— Grand Dieu !... sommes-nous donc au palais des beaux-arts !
Ne me trompé-je point !... Eh quoi ! ce sont des armes !...
Ah ! cause de douleurs, de chagrins et de larmes,
Peut-on à votre vue éprouver tant de charmes !....
Puissant pouvoir de l'art qui réjouit les yeux,
De tout aspect, hélas ! fût-il même odieux !....

. . . .

Mais... nos instants sont courts, et le temps qui nous presse
    Nous fait de la vitesse
     Une inflexible loi,
Quittons donc cette enceinte et venez, croyez-moi,
    Poursuivre notre route ;
    Il peut vous en coûter sans doute,
Avant tout, redoutons d'arriver en retard.

. . . .

---

[1] Les divers magasins aux bois débités et autres ; ceux renfermant les affûts, voitures, forges, etc., etc.

[2] LA SALLE D'ARMES DE L'ARSENAL. — La mesure à laquelle on a recours ici a pour objet de préserver les armes, le plus possible, du contact de la poussière.

Remontons cette *rue*, au pied de ce rempart,
Dont le nom — juste hommage au mérite, à la gloire —
D'un enfant du pays honore la mémoire [1].

     O nom si précieux !
     Véritable auréole
     Pour cette riche *École*
     Ornement de ces lieux [2],
Pouvait-on te choisir plus brillant entourage ?
Car, sur ce même sol, dans tout ce voisinage,
Séjour par trop longtemps triste et silencieux,
Où loin de tous regards et séparés du monde,
Dans un calme repos, dans une paix profonde
Jadis vivaient reclus d'humbles religieux
Plaçant leur bonheur seul dans leur vive prière,
Aujourd'hui venez voir, pleins d'une ardeur guerrière,
Ces jeunes défenseurs, vifs, joyeux et bruyants,
D'un autre culte aussi fermes et vrais croyants,
Accourir emprunter au travail, à l'étude,
De leur noble avenir l'infaillible prélude !

     Et, partout dans ces lieux
     Où le même éclat brille,
Ainsi se retrouver au sein d'une famille,
     Est-il sort plus heureux
Et de l'estime encore un plus doux témoignage ?

. . . .

---

[1] La rue *Paixhans*, autrefois rue du Rempart-de-l'Arsenal.

[2] L'*École Impériale d'Artillerie*, construite en 1832 ; l'un des plus beaux établissements de ce genre en France. Elle se compose de trois corps de bâtiments entièrement distincts. Celui du milieu contient l'École proprement dite ; le pavillon de droite, l'Hôtel du Général commandant la division d'artillerie ; celui de gauche, l'Hôtel de la Direction d'Artillerie.

De nouveau poursuivons notre pèlerinage.
De cette même rue, ici, sur les confins,
Voici cette maison des *Pauvres Orphelins* [1] !
Or, si Metz, à bon droit, heureuse et toute fière
Se voit glorifier du titre de guerrière,
Avec non moins d'orgueil elle peut, Dieu merci,
A ce titre pompeux en ajouter aussi
Un autre, au cœur plus doux : celui de bienfaisante !
Où trouver, en effet, en aucun lieu cité,
Et plus ingénieuse et plus persévérante
Pour venir secourir la pauvre humanité?...
A cet égard jamais sa bonté ne sommeille !

. . . .

    Aux rives de la Seille
    Parvenus maintenant,
Autour de nous jetons un regard un instant :
De toits ce nœud serré, qui dans l'air se profile,
    Nous montre tout d'abord
    Les Moulins de la Ville [2] ;
    Puis, le long de ce bord,
Sur le même cours d'eau qu'une voûte recouvre,
    L'œil à présent découvre
    Ce bruyant *bâtiment*

----

[1] Maison fondée en 1833, sous les auspices de Msr Besson, évêque de Metz, au moyen d'une souscription due à l'inspiration de MM. Berlandier, de Chény, du Coëtlosquet, Michel Pêcheur et Sauce, et dirigée par les soins des Sœurs de Ste-Chrétienne. Etablie d'abord dans un des bâtiments faisant partie de l'évêché, elle a été depuis quelques années transférée dans le local actuel.

[2] Les moulins de la ville sont distribués sur la Moselle et sur la Seille. On a déjà vu précédemment ceux de la Moselle, nous trouverons plus tard les autres établis encore sur la Seille.

De notre garnison lieu de casernement [1].

De cette section, là, trouvant la limite,
Renfermons dans sa zône alors notre visite.
A ces nobles travaux du célèbre Linné,
A cette utile étude êtes-vous adonné?...
Heureux de rencontrer une œuvre pacifique,
Venez, nous allons voir le *Jardin Botanique* [2]....
— Fort bien... je vous suis, mais... où portons-nous nos pas?
Serait-ce par ici, dans ce quartier... — Silence !....
        Eh ! mon Dieu ! pourquoi pas?...
Tel est tout vrai chemin qui mène à la science !
Jugez donc... ce jardin !... le voici sous vos yeux !....

— Quoi !... ce maigre parterre encaissé dans ces lieux !...
C'est... — Encore !... et toujours l'infernale critique !!
En vérité, chez vous c'est un état chronique ;
De grâce épargnez-nous ces pénibles propos,
Et redoutez toujours l'effet de tels échos.
Au moins, auparavant observez chaque plante ;
Or, qui peut assurer que contre votre attente,
Vous ne regretterez peut-être vivement

---

[1] Le quartier de la *Basse-Seille*, l'un des plus anciens en effet de la place ; sa construction date de 1720. La Seille, qui en baigne le pied, coulait autrefois à découvert et séparait ce bâtiment des terrains en avant. Depuis une quinzaine d'années, au moyen de la voûte qu'on a jetée sur cette rivière, on a réuni toute cette surface, qu'on a enfermée de murs, et qui en forme une vaste cour pour cette caserne.

[2] RUE DES CAPUCINS. — Ce jardin établi depuis 1802, sur le terrain de l'ancien couvent des Capucins, est sans doute, là, trop à l'étroit et dans un quartier qui laisse beaucoup à désirer ; mais il est question depuis longtemps de le transporter sur un emplacement plus convenable.

D'avoir porté sitôt ce léger jugement?
Ne prononçons ainsi jamais à l'aveuglette ;
D'un objet faut-il donc juger par l'étiquette?...
Demandez au gourmet, à tout vrai connaisseur,
Si c'est sur le flacon qu'ils jugent la liqueur?

— A votre tour, grand Dieu ! quelle mouche vous pique?
Ne poussons pas si loin l'amour patriotique ;
Tout beau donc, s'il vous plaît !... voyons, apaisons-nous,
Et modérons un peu ce langage aigre-doux.

— De m'emporter, c'est vrai, j'ai tort je le confesse,
Or qui donc n'a jamais son moment de faiblesse?...
Eh !... mais... à propos vient cette réflexion
Me rappeler ici certaine mention :
C'est que ce quartier même offre, par excellence,
Le lieu de la retraite et de la pénitence.

Déjà — triste remède aux désordres du cœur —
Voyez cette maison, au nom du *Bon-Pasteur* [1] ;
Et montrant à nos yeux bien plus heureuses mines,
Tout près, dans cette rue, à droite en descendant,
— Dont le nom du pays honore un autre enfant [2] —
Cet établissement des *Pauvres Orphelines* [3] ;

---

[1] Maison de refuge pour les pauvres filles repentantes et pour celles aussi, malheureusement, dont les parents se trouvent dans la nécessité de réclamer la réclusion, pour les arrêter dans la voie de la débauche — Rue des *Capucins*.

[2] La rue *Marchant*, autrefois rue des *Grands-Carmes*. Ce nom est un juste hommage rendu au zèle, au dévouement et à la sollicitude d'un des plus habiles administrateurs de la cité, et qui, pendant un long espace de temps, a eu l'honneur d'être placé à la tête de la municipalité.

[3] Les *Orphelines de Saint-Joseph*, au bas de la rue Marchant, dans l'en-

Presque en face, à présent, cette institution
    Des *OEuvres militaires* [1].
Sur ce côté, plus loin, des études primaires
Cette *École Normale*, haute création,
Qui, grâce à ses enfants, en tous les lieux propage,
Dans le plus humble bourg, dans le moindre village
Ces bienfaits inouïs dus à l'instruction,
De l'ignorance ainsi venant briser la chaîne [2].

Remontons et faisons légère station
Près de ce monument d'époque si lointaine [3] :
Au dehors, remarquons l'aspect de ce portail,
Puis, dans son intérieur, plus d'un charmant vitrail.
De nombre de pêcheurs assiégé de visites,
Plus loin, cette maison de nos *Pères Jésuites* [4] ;
Continuant ainsi notre même chemin,
Ce *Temple* où se célèbre, ô culte de Calvin
Et, vous aussi, Luther, votre office divin [5].

---

cien local de Sainte-Sophie ou Dames du Sacré-Cœur, établissement aujourd'hui transféré à Montigny ; maison tenue par des Sœurs, pour l'éducation des jeunes orphelines nées en légitime mariage de parents catholiques, habitants de Metz ; l'âge de ces enfants est fixé entre 6 à 10 ans.

[1] Fondée, il y a quelques années, par l'abbé Michaud, pour l'instruction religieuse et morale des militaires de la garnison.

[2] L'école normale primaire ; rue Marchant.

[3] L'église *Sainte-Ségolène* près de la place des Maréchaux, édifice du XIIIe siècle. On y remarque une chapelle dont les peintures ont été inspirées des cartons de la Ste-Chapelle de Paris. Cette église tire son nom de la sœur de saint Sigebaut, évêque de Metz, lequel était issu d'une illustre maison d'Aquitaine.

[4] La maison conventuelle des Pères.

[5] Autrefois l'église *des Trinitaires*, dont la construction date de 1720 ; édifice élevé sur l'emplacement d'une chapelle du XIIe siècle, voisine de l'ancien hôtel de l'abbaye de Gorze, appelé jadis Cour d'Orme ou Cour Dorée, ancienne résidence, dit-on, des rois d'Austrasie.

De ces lieux consacrés au calme, à la prière,
Peut-être croyez-vous l'énoncé terminé ?
Mais ce long chapelet n'est point tout égrené,
Un moment nous allons le laisser en arrière ;
Car, depuis certain point, ne découvrez-vous pas
Que pesant et plus lourd s'accuse notre pas,
        Naguère tant agile ?
Un instant de repos n'est donc point inutile ;
Mais, même en le goûtant, continuons toujours
A quelque autre examen de donner libre cours.
Or, voyez : c'est ici que la ville domine ;
A nos yeux, en entier, son plateau se dessine,
        Et, tout en cheminant,
        Nous avons maintenant
Atteint, sans y songer, à son point culminant [1].
Avec bonheur, aussi, là, dans son voisinage,
Remarquez s'élever cette fondation
De travaux tant de fois mis en discussion [2].
Metz enfin pourra donc jouir de l'avantage
Sur tous ses points d'avoir — heureux événement ! -
Aux besoins des humains cet utile élément !
Que bénie en ces lieux soit toujours ta présence,

---

[1] Ce plateau est celui de la *Place Sainte-Croix*, dont toutes les maisons, suivant certains chroniqueurs, reposent sur des aqueducs, des murailles, des débris de constructions romaines. On pense que sur ce sommet existait un temple consacré à Jupiter. C'est la partie la plus anciennement habitée, celle qui vit la demeure des principaux seigneurs ou des familles patriciennes de la république messine. Plusieurs maisons, encore debout, portent un cachet d'une certaine époque assez éloignée.

[2] Le *Réservoir* d'eau pour l'alimentation de la ville, en cours d'exécution en ce moment, dans la rue des Récollets, et dont l'établissement a été, en effet, au sein des assemblées municipales, l'objet d'une foule de débats.

Précieux *réservoir !*
Et versant les trésors partout en abondance,
A tes concitoyens qu'il tarde de te voir !

. . . .

Des pieux monuments achevons la revue,
A ce sujet, un peu, par nous interrompue.
  Pour reprendre ce soin,
Il ne nous faudra pas, du reste, aller bien loin :
Voyez ! ce bâtiment de lui-même s'avance ;
Or, de vos yeux, lisez : *Bureau de Bienfaisance* [1].

Là-bas... mais, venez donc contempler ce tableau,
Avant d'abandonner ainsi notre plateau.
Arrêtons-nous ici : quelle étonnante vue !...
A hauteur de nos yeux, les toits de ces maisons ;
A nos pieds, s'enfonçant, cette bruyante *rue*,
  Dont les exhalaisons
Du plus loin, en tout temps, annonçant sa présence,
A tous les visiteurs la signalent d'avance [2] ;

---

[1] Établissement situé à l'angle de la rue des Récollets et de la Fonderie, fondé par une société d'âmes charitables, pour venir au secours des classes nécessiteuses. On y distribue périodiquement, de la viande, de la soupe, des rations de pain, de vin, des médicaments, etc.; tout enfin ce qui peut être nécessaire pour subvenir au besoin des indigents. Là encore, se trouve l'établissement des *Crèches*, dirigé par des sœurs de Saint-Vincent-de-Paule ; asile consacré aux enfants en plus bas âge, de la classe ouvrière, où, dès le matin, de tous les points de la ville, viennent les déposer leurs mères, afin de pourvoir en toute liberté vaquer à leurs travaux, à la fin desquels elles accourent les reprendre. Cette institution est placée sous le patronage de Dames charitables de la ville.

[2] La rue de la Saulnerie, presque exclusivement habitée par l'industrie affectée à la préparation des peaux : tanneurs, corroyeurs, mégissiers, etc. La façade opposée de cette rue donne sur un des bras de la Seille dont la présence est si utile à cette industrie.

Ce côté-ci bordé de ce massif de murs [1] ;
Au fond... ciel !... n'allons point montrer ces lieux impurs,
De grands centres, hélas ! la plus funeste plaie,
Sur la nécessité qui, par malheur, s'étaie [2]...
Ah ! courons, courons vite, ailleurs, offrir aux yeux
Un spectacle plus doux et moins pernicieux !...

. . . .

Par ici, suivez-moi, venez, tout nous convie :
Ecoutez donc déjà tous ces bruyants accords,
Ces préludes nombreux et ces nobles efforts
Du domaine enchanteur, des sons, de l'harmonie !
Or, d'*Euterpe*, voilà le bienheureux séjour !
Mais, de ce bâtiment c'est là la moindre gloire,
Et le titre qui doit en graver la mémoire
      A notre ardent amour,
C'est qu'aux enfants du peuple, en ce lieu l'on dispense,
Avec ce dévouement qui part d'un noble cœur,
Les trésors du savoir, de l'art, de la science,
Seules sources toujours de la paix, du bonheur [3].
Plus modeste, et pourtant, certes, non moins utile,
Pour guide ne prenant que le saint Evangile,

_____

[1] La rue même des *Murs*.

[2] Ce quartier mal famé est celui où se trouve relégué le plus grand nombre des maisons de tolérance.

[3] Le *Bâtiment des Ecoles Municipales*, rue des Ecoles et rue Taison. — Cet établissement, qui a succédé à l'institution des *Cours industriels* fondée après 1830, sous le patronage d'hommes dévoués à la propagation des lumières, embrasse deux sortes d'enseignements : l'un, élémentaire, comprenant les cours industriels, où les élèves reçoivent les notions premières de mathématiques et de dessin ; l'autre, supérieur, objet d'études plus sérieuses, scientifiques, littéraires et graphiques. — A cet établissement a été ajouté plus tard, en 1836, une *Ecole de Musique*, érigée depuis — en 1841 — en succursale du conservatoire de musique de Paris.

Tout près , n'oublions point cet *établissement*[1]....
Ah ! tous deux , puissiez-vous toujours également
De vos heureux travaux voir les succès s'accroître !

. . . .

Marchons encore : ici , du *Four-du-Cloître*
  Cette tranquille rue
  Une fois parcourue,
A droite regardons, dans ces murs enclavé,
Tout ce groupe par nous un instant réservé :
  Derrière cette enceinte ,
Des stigmates du temps portant la noire empreinte,
Livré loin des regards, à la dévotion ,
Cet austère couvent : *la Visitation*[2].
A quelques pas de là , cette maison si chère
A la femme en douleurs , près de devenir mère,
Réclamant son secours avec anxiété ;
Vous toutes , jugez-en !... c'est la *Maternité*[3] !

----

[1] L'établissement des *Frères de la doctrine chrétienne*, rue Taison, contigu au bâtiment des écoles municipales ; sur les débris de l'ancienne église Sainte-Croix, rachetée après la révolution, par l'abbé Claudin et donnée à la ville, par ce dernier, à condition qu'on y établirait des frères de la doctrine chrétienne. Ceux-ci ont été appelés à Metz en 1647, par Mgr l'évêque de Saint-Simon ; puis dispersés pendant la révolution et rappelés en 1810, où ils ont été établis dans ce local.

[2] Congrégation de religieuses, d'ordre très-sévère, établie rue Haut-Poirier, occupant en outre une partie des rues Four-du-Cloître et de la Bibliothèque. Cet établissement est aussi consacré à l'enseignement de jeunes personnes.

[3] Hospice de la *Maternité*, rue de la Bibliothèque, fondé par une corporation de religieuses, sous le nom de *Sœurs de la Charité-maternelle*, ou de *Sainte-Félicité*, se livrant exclusivement à l'art des accouchements. Cet établissement est consacré au soulagement des femmes pauvres enceintes, qui y trouvent un asile pendant le temps nécessaire à leur accouchement ; mais les sœurs se rendent, en outre, en ville, dans toutes les maisons où leurs soins peuvent être réclamés.

. . . .

Avec respect, ici, que le front se découvre,
Car sous nos heureux pas, cette porte qui s'ouvre,
Soudain va révéler à nos regards surpris
Des richesses, partout, d'inestimable prix.
Vous tous, dignes amants du travail, de l'étude,
Vous, pour qui le repos est presque tâche rude,
Ah ! venez savourer dans ce lieu fortuné,
Au milieu des douceurs du calme, du silence,
Ces tributs recueillis par l'art, par la science [1]!...

. . . .

Mais ce don précieux là seul n'est point borné,
Car ce fier bâtiment que ce lustre environne,
Voit encore un fleuron enrichir sa couronne :
Sous nos yeux, en effet, voilà le même seuil
Que céans doit franchir la docte compagnie,
Pour aller méditer sur son noble fauteuil ;
— Est-ce assez clairement nommer l'*Académie*? —

. . . .

Dans ce temple, amassant leurs chers matériaux,
En ce moment laissons à leurs si doux travaux

---

[1] *Bibliothèque et Musée*, réunis dans le même local, à l'angle de la rue Chèvremont et de celle de la Bibliothèque, dans l'ancienne église des Petits-Carmes ; monument témoin des premiers essais de Sébastien Leclerc. La bibliothèque possède un peu plus de 30,000 volumes et environ un millier de manuscrits dont quelques-uns remontent du Xe au XIIIe siècle. Le Musée, sans présenter un grand nombre de richesses, possède cependant quelques bonnes toiles. Dans le même bâtiment existe un *Cabinet de médailles*, puis un *Cabinet d'histoire naturelle* où se trouvent rassemblées les productions zoologiques et minéralogiques du département ; dans la galerie du rez-de-chaussée sont réunis aussi quelques fragments intéressants d'archéologie. Une des ailes du même local renferme encore le lieu des séances de l'Académie de la Moselle.

Ces ardents pionniers du cœur, de la pensée,
Et courons achever la tâche commencée.

Ici, tout à côté, voyez ce monument
Où l'humanité vient, hélas! que trop souvent!
Demander en cachette, un cher soulagement
Tantôt à l'infortune, aux pleurs, à la détresse,
Mais, aussi, par malheur, que trop souvent encor,
— O déplorable emploi de ces bienfaits de l'or! —
Aux excès, au désordre, au vice, à la paresse¹!...

Mais, tel sur le même arbre on aperçoit rangé,
Ou s'étalant au sein d'une riche corbeille,
Côte à côte d'un fruit, des vers au cœur rongé,
Un autre à la chair saine, à la pulpe vermeille,
De même contemplez, ô consolation!
  Ce dépôt tutélaire,
A l'ardent travailleur chère institution
Lui ménageant un jour un repos salutaire².
En outre, s'y soudant cette vieille maison,
Pour les jours de disette, ou de triste moisson,
Nous assurant à tous une ressource utile :
  Les *Greniers de la ville*³.
De repos, nous aussi, venons prendre une part,
Et regagnons alors notre point de départ,
Car notre marche arrive et plus lourde et plus lente.

. . . .

---

¹ *Mont-de-Piété*, rue Chèvremont, dans les salles de l'ancien hospice de St-Eloi. Cet établissement remonte à 1774, il a été confirmé par un décret de 1813.

² *Caisse d'épargnes*, dans le même bâtiment que le Mont-de-Piété.

³ Ces greniers sont situés rue Chèvremont, dans un vaste édifice du XVIᵉ siècle, surmonté de créneaux dont la silhouette se découvre au loin de différents points de la ville. Sur l'un des contreforts de la façade est un cartouche renfermant le millésime 1550, et au-dessous, ces caractères : 18.D.DEF.

De cette voie ainsi continuant la pente [1],
A gauche, tout au bout, détournons maintenant
Et prenons la suivante alors en descendant [2].
Des *Jardins*, de la sorte, ici voici la rue ;
Or donc, avec transport, avec quelque bonheur
      Fêtons sa bienvenue,
Car dans Metz, ah ! vraiment, de certaine longueur,
— Et *droite*, notez bien, lorsqu'on en rencontre une, —
C'est là, sans contredit, une bonne fortune.
Du reste, qu'y montrer digne d'attention ?
On fouillerait en vain... rien... non... rien qui sourie !...
Cependant... si... voilà cette ancienne maison
Des Faberts honorant l'admirable industrie [3].

. . . .

Ouf !... nous avons enfin atteint à ce sommet !. .
Allons... courage !... encore un peu de patience...
    De ce saint monument côtoyons le chevet [4] ;
Et, tenez, notre effort reçoit sa récompense,
Car déjà regardez luire notre horizon ,
Et nous trouvons la fin de cette section.

. . . .

A l'instant, déposant et bâton et besace,
Jusqu'à nouvel ordre, ah ! qu'ils demeurent en place.

---

[1] La rue *Chévremont*, l'une des plus escarpées de Metz, circonstance même à laquelle elle doit sans doute son nom. Dans cette rue, vis-à-vis du Mont-de-Piété, on voit la maison qui a été l'habitation de *Valentin Bousch*, l'auteur des magnifiques vitraux de la Cathédrale. La même maison a encore vu naître, le 15 février 1754, Rœderer (le comte Jean-Louis), pair de France et membre de l'Institut.

[2] La rue d'*Alger*.

[3] La maison d'imprimerie et de librairie de Verronnais, particulièrement connue pour sa spécialité militaire.

[4] Rue du *Vivier* , le chevet de la Cathédrale

VII.

TROISIÈME SECTION.

Le Jardin d'Amour ; les places de la Comédie et de la Préfecture ; les quartiers de la place de Chambre, de la Cathédrale, Saint-Jacques, Fournirue, de Notre-Dame, Serpenoise, de la Citadelle, de l'Esplanade et Sainte-Marie.

Après ce court moment de bienfaisant repos,
Alertes maintenant, tout frais et tout dispos,
N'amusons point ainsi plus longtemps ton attente ;
Et dans cette île allons déposer notre tente [1] ;
Puis, de cette nouvelle et longue section
Procédons tout de suite à notre inspection.

Aux promeneurs prêtant son ombre tutélaire,
Voici cette retraite et calme et solitaire,
A maint cœur dont le nom rappelle un doux séjour ;
Toi même juges-en : c'est le *Jardin d'Amour* [2] !
Curieuse antithèse et cruelle ironie !
Cette *place*, à côté, par un jeu du hasard,
Vient montrer coude à coude : amour et comédie [3] !...

---

[1] Tout le terrain comprenant la place de la *Comédie*, celle de la *Préfecture* et les jardins publics placés à chacune de ses extrémités ; il est entièrement baigné d'eau de tous côtés et nécessite, pour sa communication, la présence de cinq ponts: le *Moyen-Pont*, le *Pont St-Marcel*, le *Pont des Roches* ou de la *Comédie*, le *Pont de la Préfecture* et le *Pont-Moreau*. Il portait autrefois le nom d'*Ile du Saulcy* ; cet emplacement a longtemps servi de chantier de bois, puis de marché aux chevaux.

[2] La promenade publique, située à l'extrémité sud-ouest de l'île.

[3] La place de la Comédie.

Au milieu, remarquons notre *Temple de l'art* ¹,
Au sévère cachet, à la mâle ordonnance !...
Hier encor, peut-être, un manque d'élégance,
    Un air de nudité
Venaient-ils déparer quelque peu cette vue,
Mais enfin aujourd'hui, la sculpture est venue
D'un habile ciseau relever sa beauté ² !...
Eh bien !... naguères vous qui blâmiez notre ville,
Parlez, fier Aristarque, et direz-vous toujours
Qu'au talent, qu'aux beaux-arts fait défaut son concours ?
— Voilà l'agréable, oui... mais, avant tout, l'utile !...
— O meunier et son fils, vous êtes de tout temps !
Et constamment faut-il trouver des mécontents !...

Au moins, de cette place, admirez donc l'ensemble,
Avec tant de bonheur, comme tout se rassemble,
A cette sage entente ici pour concourir !...
De ces hautes maisons voyez les lignes fuir,
Se briser, se courber et puis se réunir
En un foyer commun, si noble sanctuaire ³ !
— D'accord... et malgré tout, je ne puis vous le taire,
De mesquins bâtiments cet horrible rideau

---

¹ Le théâtre, élevé en 1739 ; le premier qui, dit-on, ait été construit en pierres et sur pilotis. Monument de forme polygonale, d'ordre toscan, précédé d'un péristyle orné de vingt et une arcades qui supportent une terrasse. L'aspect de ce monument est sans doute un peu lourd, eu égard à sa destination, cependant son ensemble ne manque pas d'un certain caractère de grandeur.

² Tout récemment on vient d'orner son fronton de sculptures représentant l'écusson de la ville (pourquoi ?), et laissant échapper à grand'peine quelques attributs de la scène dramatique.

³ Cette place, en effet, est d'un très-bel aspect ; tracée en fer à cheval, elle présente ; dans son rentrant, les bâtiments du théâtre ; à sa gauche, le

Vous dérobe là-bas un ravissant tableau[1]!...
— Sans doute, mais où donc est une œuvre parfaite,
Et le héros après une simple défaite
En voit-il, pour cela, flétrir son écusson?...
Pour quelque mince choc, faut-il vider l'arçon?
Or... regardez ici, sempiternel sceptique,
Allez-vous, de nouveau, lâcher votre critique?...
Ah!... ah!... vous vous taisez!.. parbleu! je le crois bien,
Déjà vos yeux ont lu : *Café Parisien*[2]!

. . . .

De ces maisons, au fond, allons tourner la masse,
Et de la *Préfecture* alors s'offre la place ;
Mais sur vous serait-il quelque rapport fâcheux,
Et craignez-vous, grand dieu! l'aspect de la justice,
En longeant ces maisons, ah! taisez, malheureux[1]!
Car, ici, nous passons sous l'œil de la *Police*[3].
Devant nous, à présent, avec goût réparé,

Pavillon de la Douane, commencé en 1743, achevé en 1755 ; à droite, faisant parallèle à celui-ci, l'ancien pavillon Saint-Marcel construit en 1753, destiné à loger les colonels de la garnison. Vendu à vil prix pendant la révolution, il renferme aujourd'hui un établissement de bains et le café Parisien.

[1] Le massif de maisons composant l'établissement des moulins de la ville : les Neuf-Tournants, tenu par M. Emile Bouchotte, et dans lequel existe un système de roues à l'anglaise. Ah! combien la place de la Comédie gagnerait en beauté si ce pâté de maisons pouvait disparaître !

[2] L'un des établissements de cette nature le plus fréquenté de Metz. Véritable rendez-vous des officiers de toutes armes de notre garnison, le café Parisien occupe le rez-de-chaussée de l'ancien pavillon Saint-Marcel, bâtiment qui a servi de demeure au maréchal de Broglie, à Bouillé et à Lafayette.

[3] Le *Commissariat central de police* situé dans les bâtiments en retour sur la place, et faisant face au Pont de la Préfecture.

Voici ce riche hôtel au pouvoir consacré [1].
A la suite, plus loin, dans cette retirade, [2]
— Bienfait intelligent d'édiles généreux —
      Cette autre promenade [2],
Ombrage ménagé... pour nos petits-neveux!...
Là, Paris, il est vrai, nous eut dotés d'un square,
D'éléments, en effet, s'y trouvant un faisceau
Aussi propice, hélas! que somptueux et beau [3]!...
Mais, ce sont là propos d'un être atrabilaire,
      De ces esprits grondeurs,
      Maussades et rageurs,
Qui de Paris toujours acceptent le mot d'ordre,
Sans cesse en louant tout, même jusqu'au désordre!...
Laissons-les-là, croyez-m'en, tous ces gens ennuyeux,
Et faisons comme ont fait jusqu'alors nos aïeux!
Qui n'admire vraiment ces arbres en quinconce!...
Ah! vos squares près d'eux ne pèseraient qu'une once!
Vedettes!... ouvrez les yeux!... seule l'intention
Sans réserve en conquiert notre admiration!...
Voilà comment raisonne un vrai patriotisme!...
Et débaude, à son aise, un vain antagonisme!...

. . . .

Reprenons maintenant, à droite, sur ce pont [4],

---

[1] L'Hôtel de la Préfecture, anciennement Hôtel de l'Intendance, construit en 1739, la même année que la salle de spectacle. Brûlé en 1803, rétabli en 1806.

[2] La nouvelle promenade : le *Jardin Fabert*.

[3] Massifs d'arbres de la plus belle venue qui existaient alors en cet emplacement et qu'on a déracinés pour faire place à l'embellissement actuel.

[4] Le Pont de la Préfecture, où se trouve le moulin désigné sous le nom des Quatre-Tournants.

Le cours interrompu de notre itinéraire :
Un moment... cependant... faisant face en amont,
Contemplons ce coup d'œil digne d'un antiquaire [1].
Voilà bien, dites-moi, d'une vieille cité
   Le cachet authentique :
Balcons en bois, pignons... et ce bon air gothique !
— Oui, de plus son vernis teint de malpropreté,
Et, vivaces, du temps les terribles injures !

— Toujours impitoyable ! et n'aurez-vous jamais
Qu'à nos murs de la sorte à faire le procès ?...
— Eh ! mon Dieu ! cachez-nous l'aspect de vos blessures !
. . . .
— Espérons, cependant, votre bras trop tendu,
A la longue sera peut-être distendu !
En attendant, venez, et bientôt, je l'espère,
   Ou plutôt, j'en suis sûr,
Vous cesserez ainsi d'être à ce point sévère,
Ou — disons le vrai mot — de vous montrer si dur.

Entre ces murs blottie et de tous points plongée,
Informe, sinueuse et surtout allongée,
Regardez cette place, ici, devant nos yeux,
Des nombreux voyageurs retraite hospitalière,
A leurs pas empressés constamment familière,
Et l'un des vieux témoins des jeux de nos aïeux [2].

---

[1] L'ensemble des maisons bordant le canal du Sas.

[2] La place de *Chambre*, dont le nom a été emprunté aux chevaliers de Malte. Une communauté de cet ordre existait à Metz, en 1191, et c'est à leur *Chambre* ou *Commanderie* qui était située près de cette place, que celle-ci doit son nom. Les jeux des saints mystères, dont nos pères se montraient

Au fond, centre commun de ces fils métalliques
Interprètes constants de missives magiques
De l'espace et du temps détrônant le pouvoir,
Ce bureau que maints yeux souvent ont peine à voir [1]!
Et debout se dressant, là, cette œuvre immortelle,
De nos saints monuments le plus riche modèle!...

      Reine de la cité!
Par la noble grandeur et par la majesté,
Par le but solennel, par la douce pensée,
      Quelle âme, à ton aspect,
      Ne se trouve embrasée
D'une profonde estime et du plus saint respect [2]!
Du passé contempteurs! au sceau de l'ignorance
Vous qui marquez ainsi tous ces temps fabuleux,

---

tant avides, étaient représentés à Metz, vers la fin du XVe siècle, dans un local situé au bas des marches de la Cathédrale. Cette place est aussi le siège d'un grand nombre d'hôtels pour les voyageurs. On y remarque une assez jolie *fontaine*, adossée au terre-plein formant la place en avant de la façade occidentale de la Cathédrale, laquelle est désignée sous le nom de *place St-Etienne* ou de *Pâté de la Cathédrale*.

[1] Le *Bureau des dépêches télégraphiques*.

[2] La *Cathédrale*, dont les fondations datent de l'évêque Thierry III, dans les premières années du XIIe siècle, et après une succession de travaux à diverses époques, entièrement achevée seulement en 1546. Sa longueur, dans œuvre, est d'environ 122 mètres; la largeur de la nef: environ 16 mètres; celle des collatéraux, de 7 mètres; l'élévation de ces derniers 14 mètres; celle de la nef environ 16 mètres. Dès le XIIe siècle même, quelques vitraux commencèrent à en décorer le sanctuaire; ceux de la rose datent de 1380 et sont l'œuvre d'Herman de Munster; ceux du chœur, qui ont pour auteur Valentin Bousch, originaire de l'Alsace, datent de 1521 à 1528. Le clocher, dû à Ranconval enfant du Pays-Messin, fut construit vers l'année 1480; sa hauteur au-dessus du sol est d'environ 85 mètres.

Aux plus chers sentiments, les seuls purs, généreux :
    La foi, l'amour et la ferme croyance,
Venez, venez ici confesser votre erreur,
Et vous prosterner tous devant tant de splendeur !

. . . .

Sans doute, dans ces jours de l'humilité sainte,
Au culte du vrai seul tout simplement restreinte,
Nul ne voyait alors, comme on voit de nos jours,
Surgir de tous côtés de ces brillants concours
Pompeusement offerts, soit à l'architecture,
Au divin art des sons, ou bien à la sculpture ;
De ces œuvres, eh bien ! citez-en seulement
Une... qui se mesure avec ce monument !...
Riches mines, pourtant, d'or et de pierreries,
Tous ces géants de l'art, tous ces nobles génies,
Savez-vous quels étaient leurs qualités, leurs noms ?
Ils signaient simplement du titre de maçons !...
Ah ! tressons-leur ici des couronnes de lierre,
Et toujours admirons leur poème de pierre !...

Mais, de nos jours, vous tous, si fiers de vos travaux,
Vous dont on vante tant aujourd'hui les vitraux,
Ravivant seulement une vieille industrie
Dans une obscure nuit si longtemps endormie,
De ceux-ci, diamants aux plus riches chatons,
Ah ! croyez-moi, venez étudier ces tons,
      Cette douce lumière
Mollement tamisée en frappant la paupière !

. . . .

Et vous, sceptiques, vous, ô pauvres malheureux !
Qui conservez encore un bandeau sur les yeux,
Ensemble franchissons les degrés de ce temple :

Qu'avec recueillement votre regard contemple
  Cette immense hauteur,
Cette voûte vibrant aux vifs élans du cœur,
Cette sublime nef où la grâce divine
De ses saints feux rayonne et de joie illumine
  Ses heureux assistants,
Et votre âme doit être à tout jamais glacée
Si soudain elle n'est avec force pressée
  Des plus doux sentiments !...
Mais, de l'homme le cœur ne peut être une pierre,
Incrédules, de grâce !... oh ! dans ce temple entrez,
De vos lèvres bientôt sortira la prière....
Ah !... vous êtes sauvés !... vous priez, vous croirez !
. . . .

Pour vous, qui par bonheur n'attendez plus ce gage,
Sur un autre édifice, aussi des mêmes lieux,
Venez avec plaisir encor jeter les yeux
Et lui payer céans un légitime hommage.
— Mais, pardon, s'il vous plaît, attendons un moment,
Avant d'abandonner ainsi ce monument.
Pressant ses flancs, pourquoi, là, cet échafaudage... [1]
— Pour les débarrasser de ce hideux placage,
  De ces constructions
Aux regards dérobant la sévère ceinture ;
Sujet ici bien gros et de discussions
Et de vive critique et de bruyant murmure,
Aux écrits échangés, aux débats intestins,
Dans nos murs rappelant Guelfes et Gibelins !
Or donc, celui-là peut, avec reconnaissance,
Y donner sur-le-champ toute approbation,

---

[1] Sur la place d'Armes, tout autour des murs de la nef.

Qui n'y voit que matière et juste circonstance
A de dignes travaux de restauration ;
Tâche, certes, bien lourde et des plus difficiles,
A toutes mains, hélas! même les plus habiles!
Fort estimable, mais... bien périlleux effort!
Dont la chance doit être avec crainte tentée,
Car, qui de nous ne sait quel fut le triste sort
Du malheureux Icare ou bien de Prométhée!

. . . .

De ces travaux, du reste, on peut juger l'effet ;
Sur cette place même essayons ce feuillet[1] :
Partisans de la ligne et de la symétrie,
Vous, qui voulez en tout concordance, harmonie,
Au travers de ces murs ouverte récemment,
Contemplez cette porte[2], ici, précisément
Venant vous présenter ce brillant assemblage!...
Quoi!... je vous vois déjà crier au persifflage....
Vous-même, jugez donc : au travail supérieur
Unissez celui-ci seulement en pensée,
Et veuillez constater, en bon observateur,
Combien cette unité s'y trouve prononcée!...
Pour la grille... Oh!... tenez... assez sur ce sujet....
De ce côté venez, derrière ce chevet ;
Regardez à présent ces charmantes aiguilles[3],
      Se profilant dehors,
Montrant presque en hauteur celle de leurs supports,
Et d'égale n'ayant que la grâce des quilles!

---

[1] La *Place d'Armes*.

[2] La porte pratiquée pour le service de Mgr l'Evêque.

[3] Les pinacles couronnant les piliers de la grille de la rue du Vivier.

Plus loin... décor aérien,
　　Sur cette autre façade[1],
Ce plantureux légume à battre la chamade
　　Au cœur d'un Alsacien !
Ailleurs... mais n'allons point provoquer plus d'alarmes ;
De ce pas courons donc sur notre *Place d'Armes*[2],
De peur de faire ombrage à tant d'illusions.

. . . .

Voici ce bâtiment, où souvent rassemblées,
Viennent délibérer ces dignes assemblées,
De la cité touchant les graves questions[3] ;
Précieux monument de riche architecture,
D'ornementation à la fois grave et pure.
Mais ne négligeons point d'en admirer surtout,
　　Travail du meilleur goût,
　　Cette serrurerie,
OEuvre de l'art et non celle de l'industrie,
Dont ont fait tous les frais la lime et le marteau[4].

_____

[1] Celle de la place St-Etienne ; restauration du portail.

[2] Due à la sollicitude de M. de Belle-Isle, qui, pour son exécution, eut à lutter : d'une part, contre les chanoines ; d'autre part, contre les échevins et les particuliers intéressés à son exécution. Cette place, commencée en 1753, ne fut achevée qu'en 1770.

[3] L'HÔTEL DE VILLE. — Ce monument, dû à Blondel, fut commencé en 1776 et achevé en 1771, sous l'habile direction de M. Gardeur-Lebrun, ingénieur de la ville. Le *Pavillon Militaire*, à l'extrémité de la place, et les autres constructions du même ordre formant l'ensemble de celle-ci, datent de la même époque et sont dus au même auteur, ainsi que le portail de la cathédrale, sur la place de ce nom, que Louis XV fit construire à ses frais, en 1765, en actions de grâces de son rétablissement de la maladie à laquelle il faillit succomber dans notre ville. Ce portail a remplacé la principale entrée qui existait alors à l'angle oriental, dans une petite chapelle où se trouve aujourd'hui la Vierge du Sacré-Cœur. Une inscription placée sur le fronton de ce portail rappelle le vœu du roi et l'événement qui y donna lieu.

[4] Celle de la grille du péristyle.

Puis, autre encadrement de ce même tableau,
Au milieu, vers le fond, vient s'offrir à la vue
   Cette fière statue,
Au bronze, par malheur, aussi noir qu'enfumé,
En fonte à tous semblant s'être ici transformé [1];
Sur chacun des côtés ces énormes trophées
Dont les formes, voyez, sont assez étoffées ;
De ces lieux achevant la décoration,
   Directement en face,
De même style encor ce mâle pavillon
Abritant en ces murs le commandant de place ;
Et là derrière, enfin, le *Quartier Général!*....
Est-ce assez en ce point, d'un semblable total ?

Ce n'est pas tout pourtant : nombreuse compagnie
Doit-elle être par vous à table réunie ?....
Ici, voici tout près, notre *Marché Couvert* [2]

 La statue de Fabert exécutée par Etex.

[2] Construction monumentale, dont le simple aspect seul indique une autre destination première que celle qui lui est affectée aujourd'hui car, elle avait, en effet, primitivement pour objet la demeure épiscopale. Cet édifice, commencé en 1785 sur les dessins et sous la direction de Blondel, ne représentait, en 1793, qu'une partie de la façade du côté de la place de Chambre et son aile droite de terminées, quand la révolution en vain arrêter les travaux. Un espace de quarante années s'écoula sans qu'on songeât à y donner suite, lorsqu'enfin une décision du conseil municipal ordonna l'achèvement de cette construction, en même temps qu'elle lui assigna une destination nouvelle, celle actuelle. — Ce marché comprend : trois galeries affectées à la vente de tous les comestibles : volaille, gibier, fromage, œufs, beurre, fruits, etc. Dans la cour, faisant face à la place de la Cathédrale, existe tout autour une rangée de hangars ou auvents affectés à la vente des mêmes denrées. Au-dessous du corps de bâtiment regardant la place de Chambre, et au niveau de cette place, est le marché aux poissons, auquel on parvient de l'intérieur du grand marché par

Qui va vous procurer un somptueux couvert....
      Construction, sans doute,
Dont l'aspect grandiose et confond et déroute,
Avec juste raison, l'esprit du spectateur,
Si celui-ci n'est point dans cette confidence
Du but qui tout d'abord d'un cachet de grandeur
      En dicta l'apparence.

N'oublions point surtout, en la rue, à côté [1],
Par tant de visiteurs, ce lieu si fréquenté,
Nuit et jour leur prêtant sa boîte tutélaire,
De nos secrets à tous discret dépositaire [2].

De cet espace ainsi rétrécissant le cours,
Venez.... de quelques pas avançons-nous toujours.
Sur cette place [3], ici, nous trouverons encore
Les tributs fortunés de Pomone et de Flore [4]...
— Pardon... un seul instant .. de nouveau, cette fois,
Sur vos lèvres d'où vient ce petit air narquois ?...
— Est-il donc, à présent, défendu de sourire?
— Mais... le motif, enfin, pouvez-vous me le dire?
— Oh! mon Dieu ! tenez-vous beaucoup à le savoir,

---

deux escaliers. Sur le côté du marché couvert, parallèlement à l'aile droite, se trouve le marché à la viande auquel on peut arriver: par la *place de Chambre*, par l'intérieur du marché couvert et par la rue *au Blé*.

[1] *Rue de la Cathédrale.*

[2] *L'Hôtel des Postes.*

[3] *Place d'Austerlitz*, autrefois *place Saint-Jacques*, emplacement du marché aux légumes.

[4] La place où se trouve ce marché a échangé, en effet, depuis une vingtaine d'années, son ancien nom de *Saint-Jacques*, contre celui d'*Austerlitz*.

A votre vif désir ne pouvez-vous surseoir?....
Que votre volonté, sans plus tarder, se fasse:
Eh bien ! jetez les yeux sur cette inscription
Qui, pompeuse, s'étale aux coins de votre place...
Or, comment retenir son admiration
    A cet aspect magique?...
Austerlitz au milieu de navets, de choux-fleurs ¹ !...
    Quel cadre magnifique !
Qui donc a pu créer ce luxe de splendeurs?...
De grâce nommez-nous la tête folichonne
Capable d'enfanter idée aussi bouffonne,
Et que chacun lui tresse une digne couronne
    De ces nobles produits !...
Le mérite doit-il rester sans récompense
Quand la postérité lui devra de tels fruits?

. . . .

— Ah!... vite coupons court à votre médisance.

Amateurs, vous faut-il de maints objets divers
En notre ville, un jour, faire une heureuse emplette,
Et dont, à juste droit, vous voulez être fiers ?
Là, toujours vous aurez variété complète ;
Et, de ces fournisseurs confiez-vous au soin,

---

¹ *Halle aux légumes*, place d'Austerlitz, construite en 1832-1833. — Sous
toute son étendue règnent de belles caves auxquelles on communique par des
escaliers pratiqués dans l'intérieur des galeries. Des bornes-fontaines four-
nissent l'eau nécessaire au service du marché, en même temps qu'aux besoins
des habitants voisins. — A quelques pas de cette place se trouve encore une
autre fontaine, encadrée dans une espèce de portail d'ordre dorique, décoré
autrefois de la statue colossale de Saint-Jacques, qui en a été enlevée
depuis environ quarante ans ; en sa place se trouve un bas-relief auquel
on ne peut refuser un certain mérite.

Car, en ce tout petit coin [1],
        Formant une bourgade,
De ces célébrités réside la pléiade :
Gougenheim [2], Curé-Spol [3], Humbert [4], Jamais [5], Beller [6],
Fontaine [7], Modéré [8], Collignon [9] et Vever [10].
Puis, complétant encor ce riche patrimoine,
Ajoutons-y de plus et Chapuis [11] et Lemoine [12].

        En ce point, à présent,
        Voyez aboutissant,
Presque récente, mais... en revanche, pourvue
De cinq coudes au moins, cette charmante rue [13],
        De notre édilité
Témoignage flatteur de la sollicitude,
Qui laisse ainsi passer tel projet à l'étude
Et surveille si bien, surtout l'alignement
D'une nouvelle rue en cours de percement.
Or, ces beaux faits dans Metz y venant à la file,
Sur ce n'allons donc point échauffer notre bile,
Car nous l'aurions alors sans cesse en mouvement.
Pourtant, qui le croirait?... voilà précisément
Sous nos yeux le quartier de tous le plus prospère!...
Et c'est là son joyau, sa principale artère!...
        Le plus direct chemin

---

[1] Rue *Fabert*, autrefois rue des Petites-Tapes.
[2] Magasin de bijouterie.
[3] Maison considérable de quincaillerie.
[4] Commerce de pâtisserie.
[5] — de charcuterie.
[6] — de pelleteries.
[7] Commerce de chaussures.
[8] — d'habillements milit.
[9] — de confiserie.
[10] — de bijouterie et de joaillerie.
[11] — de mercerie.
[12] — de parfumerie.
[13] Rue des Clercs.

Menant aux gais abords de cette promenade,
    A l'aspect tout divin :
    Notre chère *Esplanade !...*

Mais les béats crieront : c'est un coup de boutoir !...
Ah ! détournons alors les yeux de cette rue ;
D'intéressant, d'ailleurs, que pourrions-nous y voir ?...
Eh, quoi !... mais si, pourtant... ai-je donc la berlue ?...
    Cercle de l'Union,
A tes membres nombreux, douce réunion,
Pouvais-je bien, hélas ! te passer sous silence,
Et commettre, grand Dieu ! si lourde inadvertance !...
Regardez donc ici cette belle maison :
Le voilà ce séjour où, dans toute saison,
L'homme est sûr de trouver constantes jouissances,
Le matin et le soir, à toute heure du jour...
A nul n'ayant besoin de faire un doigt de cour,
Et du monde affranchi des rudes exigences !...
Ah ! des dames, aussi, c'est un lieu peu goûté !...
Mais, quelle est la médaille offrant même côté ?...

A ses murs se liant ce magnifique asile
    Du riche voyageur,
Que doit nous envier plus d'une grande ville...
Dont tout homme de goût doit être admirateur[1].

Et vous, œuvres de l'art, produits de l'industrie,
Se pourrait-il donc bien qu'ici je vous oublie ?...

---

[1] L'HÔTEL DE L'EUROPE, autrefois tenu par Lejeune, dont l'établissement aujourd'hui, directement en face, sans être aussi somptueux, n'en est pas moins un des meilleurs de la ville.

Or, choisis au hasard, de vos représentants
Viennent alors les noms se ranger sous ma plume...
      Que dans les seuls suivants,
Certes, avec regret, forcée elle résume :
Heckenbinder [1], Maury [2], Champigneulle [3], Bompard [4],
Bourgeois [5], Butte [6], Thomas [7], Bosseler [8] et Salzard [9];
N'omettons point surtout, là-bas ; ces nobles presses,
Entre tous les produits dus à l'esprit humain
Nous léguant ses plus chers..., ses plus pures richesses [10].

. . . .

Mais gardons-nous d'errer ainsi dans le lointain,
Et ne dépassons pas surtout cette frontière ;
Que dirait donc alors ici tout ce quartier,
Si nous allions, hélas ! le laisser en arrière..
Or, du commerce c'est le dessus du panier.
On ne peut y trouver pourtant que quelques rues,
Et l'une au bout de l'autre en un trait parcourues :
La première, là-bas, est celle de *la Paix ;*
En obliquant un peu, devant elle établie,
      Celle de *Pierre-Hardie ;*
Maintenant, près de nous, cette autre *du Palais ;*
S'ajoutant, à la suite, encore à la dernière,
      Et d'un non moindre prix,
La quatrième enfin, là : du *Petit-Paris.*

---

[1] Commerce de bonneterie.
[2] — de passementerie.
[3] — d'objets et d'ornements d'église.
[4] — de draperies.
[5] — de lingeries.
[6] Commerce de cadres et bordures de tableaux.
[7] — de curiosités.
[8] — d'objets en bronze.
[9] — d'estampes, gravures et papeterie.
[10] La maison d'imprimerie et de librairie de Rousseau, et direction du journal le *Vœu National.*

Eh bien!... le croirait-on ?... voici dans cet espace,
De noms recommandés cette énorme liasse :
Perpignant [1], Warion [2], Buchillot [3], Champigny [4],
Goblet [5], Roussel [6], Plivard [7], Apiano [8], Ferry [9],
Collignon [10], Leredu [11], Luc [12], Lecomte [13] et Lévy [14];
Oh ! poursuivons toujours... car, là si je m'arrête,
Que de haros, grand Dieu ! vont pleuvoir sur ma tête !
Citons donc encor Pin [15], Picard [16], Rhodez [17], Perrin [18],
Fietta [19], Noël [20], Dargent [21], Théophile [22] et Choquin [23];
Or, quand si richement ma plume ainsi butine,
Pourrais-je bien omettre, au milieu de ces rangs,
    De la presse messine
    L'un de ses vétérans [24] ?...
Et terminant enfin heureusement ce tome,
Jourdan [25], Lefret [26], Herbin [27], Villers [28], Becker [29], Bertheaume [30].

. . . .

De ce quartier ainsi l'examen terminé,
Qu'il soit avec un autre à présent alterné ;

---

[1] Commerce d'épiceries.
[2] — de librairie classique.
[3] — de productions d'histoire naturelle.
[4] — de parfumerie.
[5] — de sellerie.
[6] — de librairie.
[7] — de pain d'épices.
[8] — d'œuvres de musique.
[9] — de porcelaine.
[10] — d'horlogerie.
[11] — d'habillements.
[12] — de nouveautés.
[13] — de chapellerie.
[14] — de bijouterie.
[15] Hôtel des Voyageurs.
[16] Commerce de parfumerie.
[17] Commerce de nouveautés
[18] — de pâtisserie.
[19] — d'estampes, de papeterie et d'objets de bureau.
[20] — de papiers peints.
[21] — de chaussures.
[22] — de merceries.
[23] — de pipes et de cannes.
[24] Le Courrier de la Moselle, le plus ancien journal de la localité.
[25] Commerce de chapellerie.
[26] — de papiers peints.
[27] — de bonneterie.
[28] — de parfumerie.
[29] — de quincaillerie.
[30] — de mercerie.

A gauche allons donc voir la région voisine.

Nous n'aurons certes pas de trésors une mine ,

Mais l'humble chercheur d'or,

Se contentant de peu , se trouve heureux encor

Quand sous ses doigts il sent le corps d'une pépite ,

Celle-ci dût-elle être et chétive et petite !...

Au pas de course , eh bien ! hasardons ce parcours ,

Courage! triomphons de ces nombreux détours :

Sous nos yeux nous avons la raide *Fournirue* ,

Et bien plus raide encor sa voisine *Jurue* ,

Sans nul doute au regard offrant peu de plaisir ,

Mais riches toutes deux de plus d'un souvenir [1].

A cette extrémité, presque de même pente ,

La rue inscrite ici, sous ce nom de *Taison* ,

Lequel, au *Graouli* [2] semant là l'épouvante ,

     Est emprunté , dit-on.

---

[1] *Jurue* — mal-à-propos, dit-on, appelée pendant un temps *Juifrue*, parce que ce quartier aurait été, à une certaine époque, habité par les Israélites — semble plutôt devoir son origine à cette circonstance qu'elle conduisait à un temple consacré à Jupiter, existant alors dans ses environs; d'où par contraction son nom de Jurue. On remarque encore aujourd'hui dans cette rue une porte ogivale accolée à une maison que les chroniqueurs mentionnent avoir servi de demeure à Rabelais, dans un de ses voyages sans doute dans notre contrée. — Quant à la rue *Fournirue*, célèbre au moyen âge par la fabrication de ses armures et de ses produits ciselés, elle ne l'est pas moins encore par la naissance de Paul Ferry, cet éminent ministre protestant, l'antagoniste de Boissel, et par l'alliance de Boissard, le célèbre antiquaire et l'auteur de poésies latines , avec la fille de l'orfèvre Jean Aubry.

[2] *Graouli*, ou *Graüilli*, ou *Grolly*, animal fantastique, espèce de monstre en forme de serpent ailé, qui désolait toute la contrée au temps de Saint-Clément, et dont, suivant la chronique, celui-ci parvint à se rendre maître sur l'emplacement de la rue *Taison*, laquelle aurait tiré son nom de cette recommandation : *Taisons-nous, taisons-nous*, faite par le saint évêque à la foule qui l'accompagnait, afin de surprendre l'animal dans son sommeil.

Puis, séjour habité par la ruche ouvrière,
Cette autre, un peu plus bas, de la *Cour-de-Ranzière*,
Par ses replis lassant ses malheureux passants,
Et rejoignant ainsi celle des *Bons-Enfants*
Qui rencontre à son tour celle-ci de *la Chèvre*.

Mais de ces longs détails, allons ! que je vous sèvre !
A moins — un court instant — de faire station,
Pour réclamer ici certaine insertion,
Ou pour communiquer une bonne nouvelle
Au grave *Moniteur*, journal de la Moselle.
Or, après tout, en somme, et pourtant d'en finir
Quel que soit, croyez-m'en, mon extrême désir,
Je ne puis décemment, malgré cet amalgame,
Ne point citer aussi l'église *Notre-Dame* [1];
A défaut du joyau montrons au moins l'écrin.
. . . .
Ce terrain parcouru, rebroussons donc chemin,
Et de la *Tête-d'Or* vite montons la rue.
De fraîche date, encor, là, sur ces deux maisons
      Arrêtons notre vue [2];
Et, sans s'extasier sur ces constructions,
Néanmoins nous pouvons, avec quelque assurance,
En montrer à la fois le luxe et l'élégance ;
Fatal goût, par malheur ! beaucoup trop répandu,
Et qui, dans tout, hélas ! s'est partout étendu....

---

[1] Commencée en 1665 et achevée seulement en 1789, les travaux en ayant été discontinués à plusieurs reprises différentes. C'est une des plus riches églises de la ville ; on remarque, au fond du sanctuaire, une fort belle statue de la vierge, œuvre moderne.

[2] La maison Chenot et Cie (commerce de rouennerie), en face de la nouvelle rue de l'Evêché ; puis celle Thiriet (commerce de toiles).

Oh !... ce n'est rien ici... nous verrons tout-à-l'heure,
  Dans mainte autre demeure,
Avec quel fier dédain, quelle profusion,
On jette à pleines mains l'ornementation.
Pernicieuse mode à jamais déplorable,
Qui loin de consulter le bon , le confortable,
Ne s'adresse avant tout qu'au spectacle des yeux !

Mais trève, et poursuivons l'examen de ces lieux :
De l'avenir voilà, maintenant cette rue [1],
Avec bonheur déjà venant flatter la vue,
Dont l'éloge conquiert — pour la première fois —
Avouons-le, de tous un doux concert de voix...
C'est que, loin d'imiter ses tristes devancières,
Derrière elle laissant ces fatales ornières,
Elle nous inaugure une ère de grandeur,
Et que de Metz elle est le régénérateur !
Qu'elle soit donc alors avec joie acclamée,
Et que ses promoteurs zélés , intelligents ,
Ne trouvent que des cœurs toujours reconnaissants !
Mais , aussi , puisse-t-elle à cette renommée,
  A ces tristes faux dieux,
Un peu moins consacrer de ce culte fâcheux !
Or, de l'exemple, ici, remarquez l'influence,
Quel style s'y remarque ?... ah ! celui seul du jour !
  Gothique, renaissance,
  Rococo , Pompadour...
Pure olla-podrida, macédoine réelle,

---

[1] La rue *Serpenoise.* Cette rue conduisait autrefois à la porte de Scarpone, ville détruite aujourd'hui et qui se trouvait sur la route de Nancy à Pont-à-Mousson.

En faisceau rassemblant toute espèce de goût ,
A l'usage des gens... qui n'en ont pas du tout.

. . . .

Que l'admiration en entier se révèle
Au spectacle à l'instant s'étalant sous nos yeux !
Quel aspect , en effet, grand et majestueux
Que celui présenté par cette immense *place*
Aux riches bâtiments limitant sa surface !...
Magique , devant nous se déroule soudain
   Cette longue *avenue* [2],
Qui de tout voyageur doit être bien venue,
Car c'est un sûr jalon offert à son chemin,
Tantôt en indiquant l'infaillible présence
   Ou bien de son alpha ,
   Ou de son oméga.

De ces lieux complétant l'imposante ordonnance,
Voyez : se détachant si pur à l'horizon ,
Ce mâle monument, caserne magnifique [3],
De ce genre séjour rare à la garnison ,
   Et peut-être l'unique...
Heureusement groupée, avec profusion ,
   En ce point réunie
   Toute l'instruction
   Nécessaire au génie.

---

[1] La *Place Royale*, prise presque dans toute sa longueur, sur l'ancien emplacement des fossés et des remparts d'un des quatre côtés—celui sud-est—de la citadelle.

[2] L'*Avenue-Serpenoise* conduisant à la gare du chemin de fer de Paris et de Strasbourg, et dont la porte a été ouverte en 1851.

[3] La *Caserne du Génie*. Ce bâtiment , à l'épreuve de la bombe, commencé en 1840 et achevé en 1844, peut contenir de 1600 à 1900 hommes.

Courant entre ces murs, cette admirable cour,
Où chaque peloton, où chaque compagnie
Peut venir, à son aise, à tout instant du jour,
Recevoir en détail pratique et théorie.

Aux manœuvres d'ensemble, immédiatement,
Si propice s'offrant, en avant, cette place,
   Où tout le régiment
A son gré se replie, ou s'étend, ou se masse,
S'initiant sans cesse aux évolutions,
De la tactique, enfin, aux mille notions.

Au fond, ce *pavillon*, de sévère apparence,
A ces savants soldats dispensant la science [2];
Et, là-bas, regardez... au lieu de leurs fusils,
Uniquement armés de ces simples outils,
   Sur ces glacis, derrière,
Ces braves entamant avec ardeur la terre,
Préluder de la sorte à ces rudes travaux,
Périlleux, sans relâche et presque sans repos...
A leurs auteurs donnant si maigre part de gloire,
Et pourtant sûrement menant à la victoire !...
   Or, ce même terrain
   Qui ce point environne
Nous montre du génie, ici le *polygone* [3].

. . . .

De ces fiers travailleurs, tout en quittant l'essaim,

---

[1] La *Place Royale* précédemment décrite.

[2] L'*Ecole Régimentaire du Génie.*

[3] Ce polygone embrasse tout le terrain des glacis à droite et à gauche de la porte Serpenoise, mais particulièrement de la partie droite

En passant, remarquons cette brillante *gare* [1]
De voyageurs qu'assiége un concours si nombreux ;
Puis, venant ajouter à tout ce tintamarre,
Aux alentours partout ces flots de curieux.

Sur ses flancs, à l'envi, se groupant à la ronde,
Ces coquettes villas, aux doux jours de loisir,
      Source toujours féconde
De pure jouissance et d'innocent plaisir [2].
Plus loin... plus loin toujours... ces somptueux asiles,
A l'abri du tumulte et de ce bruit des villes,
De nos heureux enfants formant l'instruction :
L'un, pour donner, un jour, aux cités, aux campagnes,
Ces ministres de paix, de consolation [3] ;
L'autre, pour nous doter de chrétiennes compagnes [4].

. . . .

Mais fuyons... l'heure presse et nous avons, là-bas,
A feuilleter encore une bien longue page ;
Et, si nous voulons tôt regagner le rivage,

La *Gare* du chemin de fer de Paris à Strasbourg, magnifique construction en brique, bois et fer, qui se recommande par un véritable cachet d'élégance.

[2] Tous les abords de la gare — depuis l'établissement de cette dernière — se sont couverts, en effet, d'un nombre prodigieux de jardins ornés de petites maisonnettes à l'aspect coquet et gracieux, calqué pour ainsi dire sur le style de cette dernière, et dont la présence entretient en ces lieux une animation constante.

[3] Le petit *Séminaire*, situé sur le territoire de Montigny ; vaste établissement dans le genre gothique, dont la construction date de 1854.

[4] La maison des *Dames de Ste-Sophie ou du Sacré-Cœur*, magnifique établissement consacré à l'instruction des jeunes personnes, situé à Montigny-lès-Metz, sur les bords de la Moselle, et dont la construction, empruntée comme celle précédente, au style gothique, date de quelques années seulement.

Hâtons vite le pas.
Un instant, cependant, attendons, je vous prie...
Avant d'abandonner ce théâtre incessant
    D'activité, de mouvement,
      De plaisir et de vie,
— De la ville aujourd'hui point le plus fréquenté, —
Regardons à présent dans le même parage,
Et de la gare ici placé sur le côté,
Des travaux des anciens nous présentant l'image,
Ce vaste périmètre engorgé de soldats
Pleins d'ardeur se livrant à de nobles ébats ;
Pour couper court enfin à toute périphrase,
En un mot, regardez cet immense *gymnase*¹

. . . .

Maintenant il est temps de quitter ce terrain,
    Et d'apporter un prompt et juste frein
A notre course ainsi lointaine, aventureuse ;
De cette voûte donc étonnant le regard,
Et perçant le massif de cet épais rempart,
Contournons à présent la courbe gracieuse ²...
Longeons vite ces murs, séjour de la valeur,
Et venons achever notre dernier labeur.

---

¹ Le *Gymnase Militaire*, situé sur les terrains du génie, à la gauche de la gare de Paris.

² La magnifique voûte annulaire percée sous le rempart Serpenoise et conduisant à la gare de Paris. La courbure de cette voûte, inspirée par les mêmes motifs que ceux relatifs à l'entrée des villes, a eu pour objet de soustraire l'avenue à laquelle elle conduit, à l'action des coups directs de l'assiégeant. Pourquoi faut-il que l'entrée de cette voûte soit souillée par la présence de ces horribles et informes tranchées — dont la pudeur répugne à dire même le nom — pratiquées depuis quelque temps à l'un et à l'autre de ses talus, et dont l'ignoble spectacle choque à la fois : le goût, la décence et les lois les plus élémentaires de l'art? Quel digne frontispice d'une grande cité !'

Mais, en vos yeux, pourquoi lit-on cette surprise
Devant œuvre accusant tant habile ciseau ?...
Dans ces bas-reliefs donc trouvez-vous, de nouveau,
Quelque chose à reprendre ?... Allons !... avec franchise
Emettez votre avis... Qu'attendez-vous ?... Parlez...
Peut-on mieux sur le fait surprendre la nature
Dans ces charmants détails rendus par la sculpture ?
—Sans doute... mais..-Quoi donc?-Eh bien! vous m'y forcez...
Et vous allez encor crier à la satire,
Car, à regret ici, je vais vous contredire.
Contemplez donc alors, d'un œil impartial,
De ces mêmes reliefs le morceau capital ;
Sans contredit voilà deux admirables pages...
Mais, puisque vous voulez de la sincérité,
Pour enfanter ainsi deux pareilles images,
A-t-il donc bien fallu grande fécondité?...
L'une et l'autre... jugez !... en chacun des trophées,
Presque identiquement semblent être calquées,
Et n'empruntant ainsi qu'un semblable sujet,
Ne produisent de loin qu'un seul et même objet.
Pour leur cadre, avouez — sans nullement médire —
Qu'on peut bien y trouver quelque chose à redire.

Passons donc... devant nous voici tout ce rayon
Qui, lui, de même attend aussi notre crayon :
Sur cet emplacement² où naguères encore

---

¹ Les bas-reliefs accolés au pavillon formant l'entrée de la caserne du génie et qui représentent les armes, les engins, les outils, etc., propres au génie.

² Celui situé en avant de la *Direction du Génie*, occupé jusqu'à ce jour par les bâtiments de la dépendance de cette arme aujourd'hui reportés plus loin, et qui vient d'être concédé à l'artillerie pour l'établissement de son petit arsenal.

De loin en loin couraient de châtives maisons
Que des murs délabrés avaient grand'peine à clore,
Voyez le riche aspect de ces constructions
      De vaste contenance .
Certes, n'essayons point d'y chercher l'élégance,
— En fait, peut-être à tort de mise en ce séjour —
Mais qui, confessons-le, du reste, d'ordinaire,
      Dans les arts de la guerre
Se trouve rarement être à l'ordre du jour.

Et vous tous, amateurs de l'archéologie,
Vous, pour qui toute pierre est sacrée, est bénie,
Dès que vous y trouvez, avec force incrusté,
Du temps ce gracieux cachet de vétusté,
Accourez tous ici faire un pèlerinage
A ce réduit hanté par ces preux chevaliers,
— Au confident muet des pauvres Templiers [2] —
Et vous extasier devant ce vieil ouvrage
Que votre ardent amour, votre intercession
Seuls ont su préserver de démolition [3].

---

[1] Le petit *Arsenal de l'Artillerie*, en cours de construction, bâtiment destiné au dépôt, à la mise en état et à la réparation des armes portatives.

[2] Le bâtiment désigné sous le nom d'*Oratoire des Templiers*, petite construction octogonale remontant au XIIe siècle, où les amateurs viennent admirer les énormes et grossières peintures de la porte d'entrée, et, au-dessus de celle-ci, les traces de la croix épatée des Templiers.

[3] Au grand désappointement toutefois de l'artillerie qui, par la conservation en ce point, de ce monument, se voit ainsi privée dans la construction de son petit arsenal, de l'emplacement de plus de 7,000 fusils, occupé par le terrain de cette chapelle qu'elle a été contrainte d'enfermer dans son périmètre. Or, pour sauvegarder ses intérêts et ceux de la science archéologique, elle avait proposé de démonter, pierre par pierre, cette petite construction et de la rétablir, à ses propres frais, à quelques pas de là ; mais la commission ar-

Ah ! tu nous restes donc, précieux oratoire !
Et pleins d'un saint transport, après telle victoire,
En chœur, avec bonheur, répétons tous ici,
Ce fameux cri : sauvé !... merci, mon Dieu !... merci !

. . . .

De ces hôtes encor, là, dans ce voisinage,
Il est vrai, nous avions, gardant leur souvenir,
Un second monument, aussi, venant offrir,
De cette même époque un autre témoignage [1].
Mais applaudissons-nous, abondance de bien
Peut-elle donc jamais nuire ici-bas en rien ?...

Quant à vous, partisans des choses positives,
— Les autres à vos yeux n'étant que fugitives, —
Eh bien ! à votre tour, aussi soyez heureux,
Et, contentant vos goûts, contemplez en ces lieux :

---

chéologique est restée inexorable et sourde à toutes propositions de cette nature, et force a été de comprendre dans un terrain militaire un monument si éloigné de ses attributions et qui lui devient ainsi si préjudiciable.

[1] Le bâtiment considéré comme ayant été le *Réfectoire des Templiers*, dans l'ancien petit arsenal de l'artillerie, aujourd'hui concédé au génie; salle longue et de moyenne largeur, dont les murs conservent encore de vieilles peintures à fresque portant le naïf cachet de l'époque. On y voit des images de personnages en pied, tantôt de l'ordre civil, tantôt de l'ordre militaire; entre chacune de ces figures les parements présentent des ornements, sortes d'entre-lacs ou de compartiments offrant entre eux une analogie constante, mais variés à chacun d'eux. Sur l'une des poutres supportant le plancher, courent de même des peintures représentant : d'un côté, des tournois; de l'autre, une succession d'animaux plus ou moins fantastiques. Sur cet emplacement se trouvait autrefois l'ancienne Abbaye des religieuses de l'ordre de Saint-Benoît, transportée plus tard, comme nous l'avons vu précédemment (3), page 60, sur le terrain occupé aujourd'hui par le quai Saint-Pierre. L'église de cette communauté, le *Grand-Moustier*, contiguë au réfectoire en question, a servi jusqu'à ce jour de forges au petit arsenal de l'artillerie.

Tout ici près, d'abord, ce bâtiment immense,
Pour les jours de danger dépôt de *subsistance*[1];
A quelques pas plus loin, et tout en contrebas,
Cette obscure fontaine, au vil nom des *Forçats*[2];
A côté, ce dépôt de cet agent sinistre,
De la mort et du deuil inflexible ministre[3];
Et du génie enfin, restaurés ou récents,
Sur ce point parsemés ces divers bâtiments[4].

. . . .

Après cet examen ingrat et tant aride,
Après tous ces détours... à nos pas alourdis,
     Dans ces bosquets fleuris,
     Dans ces jardins d'Armide,
Au parfum de ces fleurs, au doux chant des oiseaux,
Ah ! courons ménager un instant de repos.

De nos concitoyens si douce promenade,
     Séjour délicieux,
Te voilà donc enfin à présent sous nos yeux,
     Ravissante *Esplanade*[5] !...
Touristes ! qui bien loin et sous d'autres climats,
Bravant l'ardeur du ciel ou de glaçants frimats,
Etes par tous chemins en quête d'un beau site...
Parmi ceux tant vantés et que partout l'on cite,

---

[1] Les *Magasins de subsistance* de la place.

[2] Le nom de cette fontaine est emprunté au voisinage du bâtiment précédent (Greniers de la place) qui, avant la révolution, recevait dans ses caves les galériens auxquels celles-ci servaient ainsi de prison.

[3] Le *Magasin à Poudre*, près de la fontaine des Forçats.

[4] Le bâtiment de la *Direction du Génie*.

[5] Cette magnifique promenade occupe, en partie, tout l'emplacement sur lequel était établie autrefois la *Citadelle*. Celle-ci, construite sous la direction du maréchal Vieilleville (1556-1564), qui en ordonna la construction pour

Dites-nous franchement s'il en est un plus beau,
Et quel cadre enrichit plus suave tableau !...

. . . .

De ces arbres suivant le bienfaisant ombrage,
Par vous-mêmes venez juger ce paysage !...
Et, de cette terrasse [1], admirons à l'instant,
De tous côtés offert ce coup d'œil ravissant :

A nos pieds serpentant, murmurante, argentée,
Autour d'une pelouse aux plus riches couleurs,
  De ces touffes de fleurs
  Couverte et tachetée,
Cette onde à chaque pas variant ses contours,
. Ici, regardez-la, faisant mille détours...

---

s'opposer à toute révolte de la part des Messins tentés de reconquérir leur na-
tionalité, présentait, d'après les anciens plans qui nous en conservent encore le
tracé, une fortification bastionnée de quatre côtés renfermés dans un carré
long. La construction de cette citadelle exigea, dit-on, la démolition de
deux cent cinquante maisons, trois abbayes, deux couvents, deux paroisses, une collégiale ; et, cependant, on conserva dans cet emplacement
un certain nombre de monuments qui sont encore debout aujourd'hui, tels
que : l'oratoire des Templiers, l'ancien temple de cet ordre, l'église qui y est
attenante, etc. Deux des côtés seulement nous restent de cette citadelle
(un long, l'autre un peu moins) ; le premier faisant face à la rivière et marchant presque parallèlement à son cours ; le second, qui lui est adjacent,
regardant dans la direction de Montigny. C'est sur le milieu de la courtine
de ce dernier qu'a été ouverte la porte, dite de la *Citadelle*, remplacée aujourd'hui, pour la communication publique, par la porte Serpenoise. Les
deux autres côtés ont été rasés complétement et sont occupés de nos jours :
par l'avenue Serpenoise, le Quartier du Génie et l'Esplanade. Le commencement de la démolition de cette citadelle date de 1791, d'après l'avis qui
en avait été donné, de l'intention de Louis XVI de venir s'y réfugier ; mais
la promenade actuelle ne fut véritablement achevée qu'en 1813, sous l'administration de M. le baron Marchant, alors maire de Metz.

[1] Tout le terre-plein compris entre l'extrémité de l'allée des Marronniers
et celle du jardin de Boufflers.

Puis, bientôt disparaître égarée et perdue,
Et, comme une facette au loin frapper la vue...
Au fond, droit devant nous, lui servant de rempart,
Ce chaînon de côteaux arrêtant le regard [1],
Dans ses plis recueillant ces gracieux villages
Partout éparpillés à différents étages...
Et grimpant sur ses flancs découpés en festons
De pampres ces forêts aux divins rejetons [2],
Venant s'entremêler à la verte ramée
De ces bouquets de bois en ces lieux parsemée [3].
A cette extrémité, voyez encor là-bas,
De la Moselle, là, franchissant les deux bras,
Sur ces ponts élégants, au pied de ces collines,
Rapide comme un trait, rouler à l'horizon,
Conduit par la vapeur de ces lourdes machines,
D'uniformes wagons cet énorme cordon [4].
Un peu plus loin [5], toujours, dans l'air disséminées,
     De tous ces hauts-fourneaux
     Ces longues cheminées
Nous profilant ainsi leurs immenses tuyaux.
Regardons bien... qui sait...! si transparente et claire,
Propice, par bonheur, brillait notre atmosphère,

---

[1] Ceux : du mont Saint-Quentin, de Scy, de Chazelles, de Ste-Ruffine, de Jussy, de Vaux, d'Ars et d'Ancy qui viennent se dérouler successivement aux yeux du spectateur; puis sur la droite, ceux encore de Plappeville, de Lorry, de Woippy, etc.

[2] On sait, en effet, que les coteaux précédemment nommés sont ceux qui produisent les meilleurs vins du pays.

[3] Les bois de Vaux et d'Ars.

[4] Les ponts du chemin de fer de Metz à Thionville construits à la hauteur de Longeville.

[5] Le village ou plutôt la petite ville d'Ars, véritable cité métallurgique, au ciel constamment en feu.

Pourrions-nous découvrir à gauche, en ce lointain,
Ces ruines restant de l'aqueduc romain [1].

Foyer resplendissant de fraîcheur, d'harmonie !
Vrai théâtre enfanté par la main d'un génie,
Où se voient rassemblés les plus riches décors !
Quel site plus que toi, renferme de trésors?...
Car ce n'est point assez, et sans qu'on énumère
Cette animation : ici, de ces troupeaux [2];
Là, des joyeux esquifs balancés sur les eaux [3];
En ces différents points tous ces jeux de lumière
A chaque heure du jour transformant ce tableau ;
Sur ce plan, en avant, contemplez de nouveau,
Ajoutant aux beautés de tout ce paysage,
De la Moselle encor bordé par le rivage,

---

[1] LES ARCHES DE JOUY OU AQUEDUCS ROMAINS. — Ces admirables constructions, attribuées à une armée romaine cantonnée dans notre contrée, et
dont l'aspect représente tant d'imposants souvenirs, avaient pour objet,
suivant l'opinion des chroniqueurs, d'amener de Gorze à Metz, d'une fontaine appelée les *Bouillons*, les eaux nécessaires pour l'alimentation des
habitants, le service des bains publics ou *Thermes* et la *Naumachie* établie,
comme nous l'avons dit précédemment, sur l'emplacement occupé aujour-
d'hui par le Pâté. Elles mesuraient un peu plus de douze kilomètres en
longueur, deux mètres en hauteur, et trois mètres en largueur. Elles traver-
saient la vallée de la Moselle à Jouy, sur un pont d'une élégante simpli-
cité, dont il ne reste plus aujoud'hui que dix-sept arches, la Moselle ayant
renversé celles qui étaient établies dans son lit. Quant aux *Bains ou Thermes des Romains*, ils étaient situés dans un lieu appelé la *Fosse-aux-Ser-
pents*, entre les portes Mazelle et Saint-Thiébaut. Abraham Fabert, dans
sa relation du voyage d'Henri IV à Metz, rapporte que ces édifices étaient
ornés de plus de deux cents colonnes de granit des Vosges. La magnifique
cuve de porphyre qui sert de fonts-baptismaux dans la cathédrale, provient
de ces bains.

[2] Disséminés sur toute la prairie du Saulcy.
[3] Sur les deux bras de la Moselle.

Ce ravissant damier de gazons, de canaux,
De sveltes bâtiments, de bouquets d'arbrisseaux...
Tout cet ensemble enfin de riche symétrie,
En ce lieu fortuné cachant la *Poudrerie* [1].

Puis, retournant ici visiter ces jardins,
Quelle surprise va sans doute être la vôtre,
Au spectacle inouï de leurs divins dessins,
Presque échappés vraiment au crayon d'un Lenôtre !
Or, de ces boulingrins, aux tons si doux aux yeux,
De ces riants bosquets, de ces brillants parterres,
Admirez à présent le groupe harmonieux,
De toute la cité jouissances si chères !
Aussi, tout à l'entour, aspirant ces senteurs,
Voyez se délecter — bienheureux promeneurs ! —
  Ces graves personnages,
Au regard noble et fier, aux austères visages,
Côte à côte marchant toujours à pas égaux,
Et devisant entr'eux de leurs anciens travaux...
Dignes serviteurs, tous,.. la plupart vieux héros,
Car veuillez remarquer ici chaque poitrine,
Le signe de l'honneur sur toutes se dessine.

 A leurs récits guerriers tout entiers attentifs,
Laissons ces bons vieillards, et sous d'autres massifs,
  Dans la voisine allée,
Visitons une foule autrement éveillée.

---

[1] Magnifique établissement qui, depuis quelques années, grâce à l'active impulsion et à l'intelligente direction qui lui ont été imprimées, a apporté une révolution complète dans l'aspect de son ensemble. Disposé, en effet, avec un goût et un art exquis, au moyen d'allées symétriques parfaitement dessinées, séparées entre elles par de charmantes pelouses, il concourt aussi, le plus puissamment possible, à compléter le ravissant horizon du tableau offert du point de vue de l'Esplanade.

De toute crainte purs, libres dans leurs élans,
Là, regardons courir ces innocents enfants ;
Puis, pour les surveiller, sur tous ces bancs assises,
    Si soigneusement mises,
Ces bonnes caquetant, et d'un furtif regard,
Du plus loin, explorant la profonde avenue.
Or, frisant sa moustache, et comme par hasard,
Apparaissant soudain, *nonobstant*, à leur vue,
S'en approche aussitôt, de cet air séducteur,
Que seul peut procurer ce divin art de plaire,
    Le cousin militaire,
Du faible sexe, hélas ! l'assassin, le vainqueur ;
Et quelque étroit que soit entr'elles cet espace,
Soyez sûr, on saura lui trouver quelque place.

Sur d'autres points encore allons porter nos pas ;
Eh bien !... examinez, quittant son canevas,
Absorbée, en ce coin, cette dame, en silence,
Sur ces feuillets ouverts le regard abaissé,
Achevant un roman de si douce croyance,
Depuis longtemps ailleurs . . . peut-être commencé.
    De ce digne enfant d'Eve
Ah ! gardons-nous donc bien de troubler le doux rêve !
Et laissant à chacun sa pauvre illusion,
Continuons toujours cette description ;
Or, s'il n'est que trop vrai, bien longtemps elle dure,
Nous n'avons point pourtant fini cette peinture,
Car de ces lieux encor — patrimoine réel,
En permanence ici, tel leur matériel —
Des chers habitués voyons le personnel.

Par vos yeux donc jugez ; quelque heure du jour sonne,
Vous y rencontrerez telle ou telle personne :

Ici, l'une à cet arbre, et l'autre dans ce coin ;
Près de nous celle-ci ; celle-là bien plus loin ;
Et malheur à vous tous qui, là, dans ces allées,
Vous asseyant avant qu'elles soient installées,
Vous avisez, grand Dieu ! — même sans le savoir, —
De les déposséder de leurs constantes places !
Juste ciel ! ah ! sur vous combien il va pleuvoir
De ces airs courroucés, de dédains, de grimaces !
Car leur conviction est qu'on leur prend leur bien,
Et qui donc veut, vraiment, qu'on lui dérobe rien?

Pour ce même examen, l'heure est fort bien choisie,
Voici précisément nombreuse compagnie
Tout exprès à présent en ces lieux réunie.
Remarquez à cet angle,... oh ! non... soyons prudents,
On nous déchirerait, Dieu sait !... à belles dents !
Ecoutons donc plutôt de ces sons l'harmonie,
Dont tour à tour ici chacun des régiments,
L'été, vient nous doter des doux délassements ;
Aussi bien, aujourd'hui, c'est le tour du génie...
   Et, tout en l'écoutant,
Je vous prie, admirez ce kiosque élégant
   A l'orchestre prêtant
    Son si propice ombrage.
— De tout cœur, je souscris à ce trop juste hommage ;
Pourtant... à cet égard, entre-nous, dites-moi,
Au-dessus du kiosque, en grâce ici... pourquoi
   Ces lanternes cocasses?
Dans quel but donc et quand s'illuminent leurs glaces?
— Franchement, je ne puis répondre à ce sujet,
Et comme moi chacun sur ce reste muet ;
   Mais, de leur raison d'être,

L'auteur — on le suppose — en pourrait seul... peut-être,
  Révéler le secret,
Qu'on le consulte donc alors à cet effet.

Eh bien !... qui sait !... plaisants ! qui n'aimez qu'à médire,
Si là n'est point le germe — et, soit dit sans satire —
  De l'innovation
Et de ce grand bienfait — avant tout autre utile —
Tout récemment encor rendu par notre ville,
De ces lieux en votant l'illumination ¹ !...
Ah ! qu'on ose à présent de la province rire !
  Or çà donc, Parisiens !
Vous tous qui nous traitez de bons Béotiens,
Approchez et venez affirmer et nous dire
Si dans tous vos jardins... si beaux et si pompeux,
A votre Luxembourg ou dans vos Tuileries,
— Tout en nous poursuivant de vos plaisanteries —
Vous pouvez étaler un tel luxe de feux ?...
. . . .
Apprécions ainsi le brillant avantage ;
— Que nul de nous n'avait entrevu, je le gage —
C'est qu'ainsi l'on pourra, le jour comme le soir,
Offrir à ses regards, à satiété voir
De ce divin séjour l'admirable parure.
Mais, j'y songe... allons donc et sans plus de retard,
Dérouler sous nos yeux ces divers objets d'art,
  Vrai salon de sculpture,
Qui, gloire de ces lieux et dans toute saison,

---

¹ On sait, en effet, que par une récente décision municipale, l'Esplanade va
être appelée à jouir, le soir, d'un brillant éclairage; si, au moins cette libéralité pouvait s'étendre — à certaines heures de la nuit — à tels quartiers qui
en sont deshérités !

Au milieu de ces fleurs, sur ce lit de gazon
      Avec orgueil s'étale.

Etes-vous amateurs de la gent animale?
      On en a mis partout;
Ah! monsieur, ces produits sont tous du meilleur goût,
      Croyez-m'en sur parole :
Ce n'est point, cette fois, de l'ignoble fretin;
Mais bien de l'authentique et du plus pur Fratin;
A juste droit, aussi, tout le monde en raffole [1].

. . . .

Solidement campé sur ses muscles d'acier,
Tout d'abord contemplez ce superbe coursier,
Au lieu du souffle ardent de sa zone torride,
Triste animal déçu... de ses naseaux brûlants
Ne pouvant aspirer que notre air froid, humide [2] !

. . . .

Plus loin, ce pauvre cerf aux flancs tout pantelants,
De ces tyrans des airs l'accablant de blessures,
Expirant, déchiré sous les mille morsures [3].

. . . .

Sous ses pattes, tout fier, enserrant ce gibier,
Dans ce carré, là-bas, voyez ce lévrier;
Et tout en face aussi, dans le même parterre,

---

[1] Tous les groupes d'animaux, ci-après, d'un incontestable mérite, sont dus à la libéralité de leur auteur, qui, en sa qualité de compatriote, en a fait hommage à notre ville.

[2] Dans le carré faisant face au jardin Boufflers. Ce jardin a été ouvert en 1688 par les soins du duc de ce nom, sur l'emplacement de vieilles maisons dépendant du chapitre de la Cathédrale.

[3] Le groupe d'aigles placé à l'extrémité du premier carré longeant l'allée des marronniers.

Regardez donc encor,
Véritable cerbère
Valant tout son poids d'or,
A sa chaîne rivé ce hargneux boule-dogue
De vérité frappant par son air rude et rogue[1].

. . . .

Dernière de ce genre et du même ciseau,
Cette œuvre vient enfin terminer ce tableau ;
A moins de signaler pourtant, et pour mémoire,
Certains vases fort peu dignes d'attention,
A ces lieux ajoutant bien maigre part de gloire
Et dont quelques-uns seuls méritent mention[2].

Mais, il nous reste encore une imposante page,
D'un des héros du temps représentant l'image,
Dont sort de s'enrichir récemment la cité ;
Eh bien! allons ensemble à cette extrémité,
Contempler ce morceau de l'art de Praxitèle,
Interprète des traits de ce noble modèle[3].

. . . .

A ce sujet livrons une réflexion :
Qui n'applaudit sans doute à cette récompense
D'un aussi juste hommage honorant la vaillance?...
Mais où donc, s'il vous plait, la moindre inscription,
Au coin d'un carrefour, à l'angle d'une rue...
Le buste le plus humble, à défaut de statue,

---

[1] Dans le premier carré faisant face à la rue Royale.

[2] Les divers vases placés aux angles des parterres, soit sur l'esplanade même, soit sur le jardin de Boufflers.

[3] La statue du maréchal Ney, due au ciseau d'un de nos compatriotes, M. Pêtre, et placée au commencement du premier carré, du côté de l'allée des marronniers.

15

Rappelant le héros à qui ces mêmes murs
Doivent de tout affront d'être conservés purs?
Car, il ne suffit pas que dans quelque passage,
Dans certaine antichambre, ou bien dans un couloir¹,
Des valets, des passants puissent apercevoir
Du défenseur de Metz cette historique image...
C'est au grand jour surtout qu'il faut offrir aux yeux
Cette célébrité du sang de nos aïeux!
Honorer dignement la mémoire de Guise,
Ah! que telle aujourd'hui soit donc notre devise...
Des braves de nos jours soyons les avocats,
Mais envers les anciens ne soyons point ingrats.

Assez sur ce sujet... revenons, tout de suite,
    Suivre notre chemin,
Et de notre esplanade ayant trouvé la fin,
De nouveaux lieux alors allons à la poursuite.
    Rassurez-vous pourtant,
Pour que notre regard retrouve un aliment,
Il ne nous faut ici que quelques pas à peine,
Car de Thémis déjà nous touchons le domaine.

---

¹ C'est en effet dans un couloir de l'hôtel-de-ville, conduisant à certains bureaux de l'administration, qu'est offert seulement aux regards du public le portrait de François de Lorraine, duc de Guise. Autrefois, dans le bel escalier de ce monument était placé un riche vitrail de M. Maréchal représentant le même personnage, mais il a été transporté ailleurs depuis quelques années. Quant à l'image en bas-relief placée sur le mur de la cour intérieure du palais de justice, confondue avec trois autres, on doit avouer qu'elle ne rappelle en rien aux yeux, d'une manière particulière, le souvenir du défenseur de Metz. Est-il même beaucoup de Messins, à part les personnes qui s'occupent spécialement d'art ou d'archéologie, qui aient remarqué la présence de ces bas-reliefs? (Voir le renvoi (2) de la page suivante.)

Levez les yeux... voici ce tribunal
Protecteur des devoirs, des choses de la guerre,
Où comparait hélas! tout pauvre militaire
De l'honneur oublieux ou trop enclin au mal!... [1]

Des pouvoirs les plus saints noble dépositaire,
Du bras divin séjour du juste mandataire,
 Plus loin cet autre monument,
 Sous le nom de *Département* [2]
Dans nos murs désigné le plus communément.
Digne parure encor de la belle Esplanade,

---

[1] Le conseil de guerre, sur la place Royale. Ce bâtiment, confondu au milieu des maisons de cette rue, ne se distingue en rien de celles-ci ; cependant l'observateur y remarque un charmant fronton aux délicieuses sculptures, dont l'administration devrait bien prendre un peu plus de souci. Sur la même place, presque à l'angle de la rue des Clercs, on pourra admirer aussi un balcon en fer, œuvre remarquable de vieille serrurerie. Un autre travail de ce genre attire encore l'attention, à la maison faisant l'angle de la place *Chappé*.

[2] Commencé en 1776, sur les plans de Clairisseaux, achevé en 1791. Il prit d'abord le nom de *Gouvernement*, sa destination première ayant été le logement du gouverneur militaire de la province des Trois-Evêchés; puis, celui de *Département*, parce qu'il devint pendant la révolution le siége de l'administration départementale et du tribunal révolutionnaire ; enfin, celui actuel de *Palais-de-Justice*. Monument d'un caractère imposant qui, malgré quelques critiques de détails dont il peut sans doute être l'objet, ne laisse pas que de présenter de réelles beautés. Les figures allégoriques et les trophées qui ornent la façade d'entrée ne sont point sans mérite. Dans la cour intérieure se trouvent aussi quatre bas-reliefs, représentant : Montmorency, Guise, Vieilleville et Connor; puis deux autres sortes de médaillons consacrés : l'un à la paix conclue en 1783, entre la France, l'Espagne les Etats-Unis d'Amérique, la Hollande et l'Angleterre ; l'autre, à l'humanité du duc de Guise, après la levée du siége de Metz, envers les soldats du duc d'Albe, l'un des principaux chefs de Charles-Quint; enfin, d'autres statues encore, à la façade regardant le jardin de Boufflers, et représentant Turenne et Luxembourg ; mais toutes ces œuvres sont d'une valeur assez médiocre. Un ouvrage d'art de nature à attirer l'attention, c'est la rampe en fer du grand escalier, due à un artiste messin, du nom de Guise.

D'ici contemplez-le, montrant avec orgueil,
De tous côtés, sa mâle et sévère façade.
— Mais, pardon... quant à moi, je ne vois que le seuil...
Car, soit intention, ou bonne ou saugrenue,
Qui donc ne jurerait — à parler franchement —
     Qu'on a voulu réellement
A tous en dérober la principale vue?...
Et, voyez, à l'appui de cette intention,
S'avancer tout exprès cette construction [1];
Peut-on ainsi trouver une preuve plus claire?
Or, donc, à moins, vraiment, de croire à l'arbitraire
— Ou, ce qui doit à tous, et ce, sans contredit,
     Répugner à l'esprit —
     Au défaut d'incurie,
Ou bien encore, à quelque... lourderie,
Comment apprécier, entre nous, un tel fait
Laissant tout spectateur ébahi, stupéfait?

— Chut!... chut!... de grâce, je vous prie,
Parlons bas... encore plus bas...
Là, n'abordons-nous point, affaire de voirie?
Et, sur de tels sujets, oh! ne plaisantons pas!...
Tout près de nous voici l'antre de la chicane,
Craignons donc qu'un procès sur nos têtes ne plane!
Or, allant se livrer au feu de leurs ébats,
Ne reconnaissez-vous ces graves avocats?...
Quels attributs pourtant ont meilleur interprète?
A ce col magnifique au blanc immaculé,

---

[1] La maison faisant l'angle de la rue aux Ours et de celle Royale; or, l'on ne s'est point contenté seulement de laisser cette maison s'avancer énormément en dehors de l'alignement de la rue, mais on a encore permis d'y ajouter un perron qui en augmente d'autant la saillie!

Leur ministère ici n'est-il point révélé?
Pour vous à quoi sert donc d'un objet l'étiquette?...
Ah! loin de leurs regards, crainte de repentir,
     Empressons-nous de fuir,
Et promptement alors quittant leur voisinage,
Croyez-moi, regagnons maintenant le rivage.

Mais, pourtant, en ce point, je dois auparavant,
Sans plus longtemps ainsi laisser s'écouler d'heures,
     Mentionner en courant,
     Deux splendides demeures,
Par leur riche et brillante ornementation
A coup sûr méritant certaine attention [1];
Puis, là-bas, tout au bout, de valeur presque égale,
Entr'elles de la rue étant seul l'intervalle [2],
     Ces deux autres aussi.

. . . .

De tout cet examen, de tout ce long ennui,
    Et de votre patience
     Bien doux allégement
     Et digne récompense,
A vos yeux présentons ce dernier monument:

    Salut à toi, phare de la science!
De l'étude à jamais séjour par excellence,
De nos futurs héros toi qui par tes leçons
Leur prépares ici de lauriers des moissons!
Ah! tous avec respect contemplons cette école

---

[1] L'hôtel *Simon*, montrant sa double façade, rue du *Heaume* et rue de l'*Esplanade*; la maison *Malherbe*, rue *Nexirue*.

[2] La maison de *Bollemont*, rue *Pierre-Hardie*, en face de la rue aux *Ours*; puis celle lui faisant face, à l'angle de ces deux dernières rues.

De ces arts de la guerre illustre métropole,
Dans tout le monde entier dont les travaux, le nom
Ont conquis un si noble et si juste renom '!
Honneur donc à ces murs !... que toujours leur mémoire
En traits profonds se grave au temple de la gloire !

. . . .

Après un tel aspect quelle est l'impression
Pouvant être à la fois plus vive et plus entière ?
Aussi, n'était-ce point sans valable raison
Que nous la réservions ici pour la dernière.
Incontinent, alors, après un tel détour,
Courons donc regagner notre *Jardin d'Amour.*
A cet effet, prenons cette *rampe* voisine ²
Qui, sur ce quai, plus loin, tout droit nous achemine,
Lequel, de son côté, Dieu soit loué! termine
Ce long trajet enfin de notre section.

Ah! de grâce... un moment... attendez, je vous prie,
De ce panorama que la riche féerie
Nous vienne encor prêter sa douce émotion.
Mais, au loin, qu'aperçois-je !... au bord de ce rivage,

' Cette école est établie, rue aux Ours, dans un ancien bâtiment de l'abbaye de Saint-Arnould, fondé primitivement (1222) pour les Dominicains ou Hauts-Prêcheurs, puis, donné en 1552 aux Bénédictins, réparé dans le milieu du XVIIᵉ siècle, et enfin reconstruit à neuf en 1718 par les religieux qui l'occupaient à cette époque. L'ancien hôtel abbatial est occupé aujourd'hui par le général commandant l'école. Depuis quelques années on a ajouté à cet établissement la caserne des jeunes officiers appelés à en suivre les cours, destination qu'avait autrefois la caserne de la Haute-Seille, transformée actuellement en pénitencier militaire. Un magnifique manège y a été construit aussi, et les écuries ainsi que les logements des palefreniers sont placés dans un bâtiment voisin attenant au palais de Justice.

² La *Rampe de l'Esplanade* ; les murs qui la soutiennent datent de 1740.

Que peut donc faire là l'ignoble voisinage
De ces huttes ainsi gâtant tout ce tableau ?...
— Quoi ! ne voyez-vous point partout surgir de l'eau ,
Se croiser en tous sens ces têtes si mobiles ,
　　　Et sous ces bras agiles
Des ondes s'opérer cette agitation ?...
— Est-il donc bien possible !... et de natation
Ce serait là , grand dieu ! votre admirable école[1] !
Oh ! Quimper-Corentin, Metz en ce lieu te vole !

. . . .

Soit donc !... et passe encore... affrontant la chaleur ,
Un homme peut , sans doute — à la grande rigueur —
D'un tel bahut forcé d'user du bénéfice,
Y venir demander cet utile exercice ;
Mais, pour la femme où donc est cet emplacement
Lui procurant aussi ce sain délassement ?
Nul endroit ne le montre, à ma surprise extrême !
— Sous vos yeux vous l'avez... car enfin c'est le même !...
En grâce !... Attendez donc !... seulement c'est en vain
Qu'aucun homme voudrait en jouir, le matin :
Du sexe faible alors il devient le partage ;
Quant au fort, il en a, le soir, le libre usage :
Eh bien ! que dites-vous d'un tel arrangement ?...
— Que c'est à vous confondre , hélas ! d'étonnement !
Et pourtant, du progrès se targue votre ville !....

. . . .

Oh !... brisons, aussi bien toute réflexion
A cet égard serait entièrement stérile.

---

[1] Les bains *Saint-Jean*, consistant en de misérables cabanes établies, pendant les quelques jours de chaleur, sur la rive droite du bras droit de la Moselle , à un kilomètre du centre de la ville.

— Promptement suivons donc cette direction,
Et de ce pont, là-bas[1], ayant franchi l'espace,
Nous retrouvons ainsi notre point de départ.
Mais, de cet autre pont puisque votre regard
      Enveloppe la masse[2],
Avec ardeur voyez, en tous sens, l'envahir,
Ces nombreux ouvriers chargés de l'élargir[3] ;
Et soudée à ses murs cette vieille *tourelle*,
Si superbe, mirant ses pieds dans la Moselle ;
Enfin, à quelques pas, cette fontaine encor
Pour cet autre quartier véritable trésor.

. . . .

Fatigués du parcours d'une telle surface,
Ah! maintenant restons quelques instants en place.

---

[1] Le pont des *Roches ou de la Comédie*, construit en 1739, menant à la place de Chambre ou à l'île du Jardin d'Amour. A l'une de ses extrémités est un escalier en pierre, construit en 1755, conduisant à la rue des Roches et directement à un très-bel établissement de bains chauds. Ce pont doit sa dénomination, ainsi que la rue du même nom, à d'anciennes murailles de la ville, fondées par les Romains, sur les ruines desquelles ils furent établis et qui avaient la dureté du rocher.

[2] Le *Moyen-Pont* ou *Pont des Pucelles*, aboutissant, à la rue des Morts, à l'extrémité de la rampe de l'Esplanade, construit en 1020 et réparé en 1740. Son dernier nom lui vient d'un couvent de religieuses, dites les *Grandes-Pucelles*, fondé dans le voisinage, vers l'an 1020, au-dessous de la digue qui porte encore ce nom. On remarque, près de ce pont, du côté de cette digue, les restes d'une ancienne tour crénelée du XVe siècle, dans les souterrains de laquelle se trouve aujourd'hui la scierie du génie. A quelques pas de ce pont et adossée aux murs de la tourelle précédente, est la fontaine dite des Pucelles, dont nous avons réservé ici la mention, encore même que cette fontaine appartienne réellement à la première section.

[3] Ce pont, en effet, est en ce moment en état de réparation qui devra lui procurer une plus grande largeur et, en outre, à son parapet un encorbellement de même ornementation que celui de la tourelle à côté.

VIII.

QUATRIÈME SECTION.

Les quartiers : de l'Évêché, Saint-Martin, Saint-Louis, Coislin, de la Haute-Seille, d'Asfeld et de Saint-Thiébault.

———

Nos derniers pas dans Metz, quoique tout en courant,
Viennent de nous montrer les pâles effigies
De son Palais-Royal et de ses Tuileries,
Eh bien! cette fois-ci, visitons maintenant
  Plus calmes, plus tranquilles,
En curiosités en outre moins fertiles,
  Son faubourg Saint-Germain
  Et son quartier d'Antin.
Dans ce but regagnons cette même avenue
Déjà précédemment offerte à notre vue,
  Qui, de cette section
  Et de notre dernière
Forme une ligne ainsi de démarcation[1];
  Puis, sur cette lisière,
A l'angle, tout d'abord, au fond de ce bosquet,
  Et sur cette terrasse,
Ici même, voyez... regardant cette place,
Délicieux réduit et sévère et coquet,
Ce séjour à la fois des champs et de la ville[2];

———

[1] L'avenue Serpenoise, précédemment décrite.
[2] L'ancienne maison Dorr, aujourd'hui propriété de M. Meyer.

Des autres, à la suite, encore cette file ;
Et, sur le même rang, ces diverses maisons,
Moins agréables mais aux solides raisons [1].
Placée en leur milieu, la *Chambre des Notaires*,
— Dont seulement l'entrée aux regards s'offre ici —
Pour deviser entr'eux de leurs graves affaires,
Par ces hommes de loi centre si bien choisi.

Plus loin, de ces hauts murs cette longue clôture,
Pour la rue, il est vrai, peu riante bordure,
Mais qui longtemps devra lui servir de rempart,
Car de ce monument, juste lui faisant face,
Elle intercepte ainsi tout indiscret regard.
Or, vous n'ignorez point quels lieux couvre sa masse ?...
     De ce chef vénéré
     Dont le saint ministère
Interprète de Dieu représente sur terre,
Et sa toute puissance et son amour sacré,
     Du divin évangile
     De l'organe pieux
     Ces murs silencieux
     Circonscrivent l'asile [2].

---

[1] Les nouvelles constructions alignées sur l'avenue même—celle, entr'autres,
où se trouve le café du Grand-Balcon—et qui certes ont bien aussi leur valeur.

[2] Les murs de clôture des jardins de l'*Evêché*. Quant à cet établissement,
il est situé rue Ste-Glossinde, dans la même enceinte que l'église de ce nom.
Celle-ci, petit édifice que l'on peut considérer comme la chapelle épiscopale,
occupe l'emplacement d'une partie des bâtiments d'une vaste abbaye de
religieuses fondée vers 604 par Glossinde, fille d'un des principaux seigneurs
de la cour d'Austrasie. Cette abbaye, de beaucoup diminuée par suite du
siège de Charles-Quint, se vit réduire encore en 1676 pour l'agrandissement
des fortifications de la place; puis, plus tard, menaçant ruine, on se trouva

Bien étrange contraste!... en un même rayon,
De séjours différents quelle réunion!
De l'ardeur, des combats fiers et vrais sanctuaires,
Ici : de ce côté, ces divers monuments[1];
De cet autre, à présent, — images bien contraires, —
Ces tranquilles foyers des plus doux sentiments!
Regardez, en effet : voici de la *Maîtrise*
      L'humble établissement,
Et de *Sainte-Chrétienne*, en ce point, le couvent.
Mais, pour l'étranger seul doit naître la surprise,
Chacun de nous sachant l'esprit religieux,
Du courage à l'égal régnant en tous ces lieux?

. . . .

Ne quittons point ainsi ce même voisinage,
Sans profiter au moins de notre court passage
Pour venir visiter — ne fût-ce qu'un instant —
Récente dans nos murs cette riche chapelle
A l'époque ogivale empruntant son modèle[2].

---

dans l'obligation de la rebâtir, et elle fit place en 1755 à l'église actuelle construite par les architectes Barlet et Louis. Plus tard, on y adjoignit les bâtiments de l'administration épiscopale; mais, ce n'est qu'en 1816, que fut élevé le nouveau palais épiscopal. De vastes jardins s'étendent sur le terrain d'un des fossés de l'ancienne citadelle. Dans les dépendances de l'évêché, sur le côté regardant le rempart St-Thiébault, on a construit aussi un petit séminaire qui, transporté aujourd'hui dans un établissement infiniment plus vaste, a fait place depuis à l'institution de la maîtrise.

[1] La *Caserne du Génie*, dont une aile entière longe l'avenue Serpenoise et fait face par son extrémité aux dépendances de l'évêché; plus loin les divers établissements de l'artillerie et du génie.

[2] L'institution de *Sainte-Chrétienne*, rue *St-Gengoulf*, sorte de séminaire de filles, fondé primitivement en 1702 sous le nom d'*Ecole de la doctrine chrétienne*, pour pourvoir à l'éducation des enfants pauvres. Les dames préposées à cet enseignement appartiennent à l'ordre religieux, mais sans être astreintes à la claustration ni liées par des vœux perpétuels. Supprimée

. . . .

De négoce ou d'escompte avez-vous maintenant
A traiter quelque affaire ou mince ou capitale,
Réclamant le concours et le besoin de l'or,
De la *Banque* [1] tout près, voilà la succursale,
Qui peut, à cet effet, vous ouvrir son trésor.

. . . .

Ce premier examen sans doute est plein de charmes,
Mais, pour rime à ce mot, ne trouve-t-on pas larmes ?
Et de médaille est-il aucune sans revers ?
Or, si ce beau quartier, dans tous ces points divers,
N'a montré que l'aspect de vives jouissances
        Et de plaisirs si doux,
Dans cette rue, ici [2], voyez ces lourds verroux,
Ces énormes barreaux, ces terribles défenses
Péniblement, hélas ! partout frappant les yeux,
Et ne disant que trop quels sont les malheureux,
De ces murs condamnés à devenir les hôtes,
Y venant expier bien chèrement leurs fautes !

. . . .

Ah ! si ce lieu, du moins, témoin des noirs cachots,
Seul pouvait retentir de soupirs, de sanglots !...
Mais un même séjour, en la prochaine rue,
Sur-le-champ vient aussi s'offrir à notre vue ;

---

pendant la révolution, puis rétablies en 1807 dans la maison même qu'elles occupaient un siècle auparavant, mais sous le nom de *Sainte-Chrétienne* ou de l'*Enfance de Jésus et de Marie*, ces écoles n'ont fait que prospérer depuis, au point de former vingt-trois succursales dans le département seul. La chapelle de cet établissement date seulement de 1810.

[1] Rue des *Parmentiers*.

[2] Rue Saint-Gengoulf, la *Maison d'arrêt et de justice*, reconstruite en 1820, sur l'emplacement de l'ancienne.

Dans un commun terrain ces asiles hideux
Se trouvant à la fois embrassés tous les deux [1] —
Et, plus loin, vil réduit que la plume renie,
 Cet antre de la honte et de l'ignominie [2]!...

Pour reposer les cœurs de ces impressions
Combien est douce ici ton auguste présence,
O foyer fortuné de consolations,
 De bonheur, d'espérance !...
Phare, qui sur ce point exprès sembles placé,
A ces pauvres pervers pour prêter ta lumière,
Ainsi les conviant aux pleurs, à la prière
Pour effacer un jour leur horrible passé [3]!...

Eh quoi donc! de douleurs, de souffrances, de peines,
A chaque pas toujours un désolant tableau
Doit-il venir s'offrir? car voici, de nouveau,

---

[1] La *Prison militaire*, rue du même nom.

[2] La *Magdeleine*, maison de correction et maison d'asile, située à la fois sur la rue Lasalle, la rue des Prisons-Militaires et la place Saint-Nicolas, occupant l'emplacement d'un ancien couvent de l'ordre Saint-Symphorien. Cette maison comprend deux établissements distincts : 1° la maison correctionnelle départementale, dont l'entrée est rue des Prisons-Militaires, destinée aux condamnés dont la peine n'excède pas une année; 2° la maison d'asile dont l'entrée est place Saint-Nicolas; cette dernière est consacrée principalement aux vieillards et au traitement des filles de mauvaises mœurs.

[3] L'église *Saint-Martin*, à l'extrémité de la place du même nom; l'un des plus anciens édifices religieux de notre ville, car on fait remonter la construction de la nef aux premières années du XIIIe siècle; et dans son ensemble, elle présente les styles de cinq périodes bien différentes : roman, ogival primitif (XIIIe siècle), secondaire (XIVe siècle); tertiaire (XVe siècle); et quartaire (XVIe siècle). On remarque dans cette église quelques vitraux du XIVe ou XVe siècle. L'ingénieur qui, l'un des premiers, en France, ait fait paraître quelque ouvrage sur la fortification, le célèbre *Errard*, de Bar-le-Duc, contemporain de Henri IV, y fut inhumé.

Surgissant un refuge aux misères humaines [1]!...

. . . .

Oh ! curieux hasard ! et quel rapprochement !
Tout au fond regardez , précisément en face ,
Effroi des criminels, là-bas, ce monument
Dont le terrible aspect seul de terreur les glace »...
En ce point serait-il , directement jeté ,
Pour montrer aux méchants, au vice, à la paresse,
Que devant eux toujours inflexible se dresse
Le chemin conduisant au seuil de la détresse,
Et tout droit aux séjours de la captivité ?
Triste réflexion ! fort étrange sans doute ,
Mais qui peut profiter à quiconque l'écoute !...

. . . .

Le spectacle affligeant de tels sinistres lieux
Va donc enfin cesser de contrister nos yeux !...
N'en donnons point trop tôt la complète assurance,
Bientôt un autre encor nous montrant sa présence ;
En attendant, allons dans le quartier voisin,
De ce pas nous frayer un moins triste chemin.
     Mais , néanmoins, que sur cette fontaine [2]
          Notre vue auparavant
Vienne se reposer l'espace d'un instant ,
Peut-être serons-nous payés de cette peine...
Sans pourtant assurer qu'un chef-d'œuvre de l'art

---

[1] L'hôpital *Saint-Nicolas*, sur la place de ce nom; son portail porte la date de 1518. Cet asile est destiné à recueillir les vieillards pauvres ou infirmes des deux sexes, les orphelins et les enfants abandonnés, les idiots, les épileptiques et les scrofuleux. On y reçoit également des pensionnaires.

[2] La fontaine de l'hospice Saint-Nicolas surmontée d'une galerie et de deux génies en pierre, ouvrage du XVIIIe siècle.

Largement récompense ainsi notre regard.
Plus loin, si notre marche à présent continue,
Vous pourrez retrouver, dans cette même rue [1],
Des hôtels des de Heu, puis des Montgommery,
Quelques muets témoins... regardez : les voici.

Avec plaisir, ici, dans cette vaste place [2]
On rencontre à la fois, l'air, la vie et l'espace,
Et, quel que soit le point où l'œil soit arrêté,
Il retrouve l'aspect de la vieille cité :
Partout, voyez courir ces antiques arcades,
Du cintre ou de l'ogive empruntant le contour ;
Partout se dessinant sur ces mêmes façades,
— A leurs hôtes venant distribuer le jour —
De dessins différents ces multiples croisées,
Tantôt longues, tantôt simples ou trilobées.
Ailleurs, tous ces balcons, dont tels de leurs corbeaux
Nous transmettent si pur l'art de la renaissance ;
Priviléges du temps, tout prêts, ces lourds créneaux
Des changeurs signalant ainsi la résidence...

---

[1] RUE DE LA FONTAINE. — Il ne reste plus de ces monuments qu'un escalier à marches doubles, une porte d'entrée cintrée, et au dehors, plaqués le long de la muraille les fragments d'une chapelle ogivale. C'est dans l'hôtel de Montgommery que fut établie, en 1661, par la reine Anne d'Autriche, la maison des Lazaristes, qui prit plus tard le nom de *Séminaire-de-Ste-Anne*.

[2] PLACE DU CHANGE OU PLACE SAINT-LOUIS. — Le premier de ces noms provient de la corporation qui l'habitait, cette place étant occupée jadis par soixante étaux de changeurs qui faisaient le commerce des matières d'or et d'argent. Mais, en 1707, le curé de Saint-Simplice, petite paroisse voisine de ce lieu, ayant eu l'occasion d'acheter une statue de Louis XIII, trouvée dans des ruines de bâtiments en démolition, et qu'il prit pour la figure de Louis IX, celle-ci fut érigée sur cette place, dont elle a été enlevée plus tard, et lui a légué ce nom depuis cette époque.

Car des matières d'or et de celles d'argent
Du commerce voilà l'ancien emplacement,
A cette époque alors un inflexible usage
A chaque état fixant un terrain en partage.

Mais ce sol peut encor facilement fournir
D'un temps bien loin de nous plus d'un vif souvenir :
L'un des premiers il vit ces scènes de nos pères,
Naïfs amusements figurant les mystères [1] ;
Puis, pénible retour des choses d'ici-bas !
Du spectacle du sang, là, mainte foule avide,
Accourait contempler le visage livide
Du pauvre patient recevant le trépas [2] !

O spectacle plus doux et plus digne d'envie !...
En place de ce lieu du dernier châtiment,
L'homme vient, au contraire, y chercher l'aliment
Le plus indispensable en tous lieux à la vie !
Or, si je ne me trompe... ici, votre regard
Semble manifester certain air de surprise,
Eh quoi, donc ! s'il vous plaît, croiriez-vous par hasard,
Que ma plume ait commis quelque lourde méprise ?...
Sans doute, c'est en vain, par vous qu'est recherché,
Dans ce but, un hangar, un abri salutaire,
Mais chez nous on fait fi de si modique affaire,

---

[1] Ce fut sur la place du Change, en effet, que furent joués à Metz les premiers mystères, scènes religieuses qui y attiraient une foule d'étrangers.

[2] La place *du Change* était encore, au XVIIIe siècle, le lieu des exécutions criminelles. Les condamnés y venaient, la corde au cou, une torche à la main, faire amende honorable au bas des degrés de l'église Saint-Simplice.

Et pour les grains c'est bien notre digne marché[1].
Laissant tels bâtiments aux hameaux, aux bourgades,
A tous ces songes-creux, vrais esprits rétrogrades,
Ah! nous ne donnons point dans de telles toquades!
Dans nos murs, soyez sûr... l'on est mieux avisé,
Et, par qui tel projet serait-il donc prisé?...
Arrière, malheureux!... réclamer une halle...
Quand de concerts encor nous manquons d'une salle!...
Voyons! qu'attendre ainsi jamais de telles gens
Des beaux-arts à ce point ayant si peu le sens?...
Abandonnons-les donc à leur pauvre utopie.

Quant à nous, à présent, reprenons, je vous prie,
        Et sans plus discourir,
Le cours d'un examen qu'il faut pourtant finir;
Que notre marche alors de quelques pas s'avance...
En ce lieu saluez la place *Friedland*,
Des choses de ce monde accusant l'inconstance,
Car qui reconnaîtrait, à ce nom si brillant,
Écrasée aujourd'hui sous ce pompeux indice,
Si modeste autrefois la place *Saint-Simplice*?...
Pauvrette qui s'étonne et semble supplier
Qu'on lui dise ses droits à ce titre guerrier!

Bien plus heureux, là-bas, ce quartier militaire[2]
N'offense point ainsi les yeux de l'antiquaire,

---

[1] On sait, en effet, que Metz en est encore réduit de nos jours, à attendre le bienfait d'une halle aux blés.

[2] Le quartier *Coislin*, où se trouve la caserne de ce nom, vaste bâtiment rectangulaire composé de quatre corps de logis ménageant entre eux une fort belle cour, et dont la construction (1725 à 1730 environ) est due à M. de Coislin alors évêque de Metz. Il occupe l'emplacement du *Champ-*

Sur ses quatre côtés se retrouvant les noms ,
— Et, qui plus est encor, même jusqu'aux prénoms —
Du saint prélat auquel il doit son origine ;
A chaque angle, en effet, chacun d'eux se dessine
Comme autant d'ornements d'un seul et même écrin ;
Lisez , voilà ces noms : admirable préface :
Saint Henry , Du Cambout, Saint-Charles et Coislin.
Près de ces monuments qu'un même groupe enlace ,
    — Nobles séjours de la valeur
    Du dévouement et de l'honneur —
Voyez , triste contraste ! ô nature débile !
De leurs rebuts , hélas ! le malheureux asile ,
Mais le dernier enfin !... nos yeux, à l'avenir ,
D'un tel spectacle ici ne devant plus souffrir [1].

. . . .

De ce poids affranchis , pour regagner la rive ,
Ah ! nous n'aurons donc plus que douce perspective...

Sur ce cours d'eau [2], si mince, objet de vos regards ,
Et, tout humble qu'il soit , l'un de nos forts remparts ,
— Aussi bien , puisqu'il est dans notre voisinage —

à-Seille, ancien *forum* de la république messine, où se tenaient jadis les tournois, les joûtes, les grandes fêtes populaires, et qui avait été converti depuis en un champ de foire.

[1] Le *Pénitencier militaire*, établi dans la caserne de la *Haute-Seille* autrefois affectée au logement des jeunes officiers élèves de l'école d'application. Ce bâtiment date de 1754.

[2] Le canal de la Seille a son entrée dans la place au travers de la courtine du front Mazelle, sous le pont des *Arènes*, dont les écluses ont été construites en 1740. On pense que ce pont doit son nom à l'ancienne *Naumachie*, située à quelque distance en avant, au-dessous des *Thermes*; la Naumachie étant aussi souvent alors l'arène où avaient lieu encore les exercices gymnastiques et les combats en tous genres.

Venez voir le système en ce point qui ménage
Pour la place en danger un si grand avantage...
Sur ces murs regardez, dans toute leur hauteur,
Leur massif entaillé de distance en distance [1];
Eh bien! ces faibles crans, si nuls en apparence,
  Sont de notre défense
  Le principal moteur.
Dans leur vide engageons de jointives poutrelles,
Puis, l'intervalle ainsi qu'elles gardent entr'elles
De terre bien damée alors étant rempli,
Avec succès bientôt nous aurons accompli
  Un précieux barrage
Interdisant à l'eau désormais tout passage.

. . . .

Là, gît tout le secret de l'inondation
Nous prêtant le bienfait de sa protection [2].

En droite ligne enfin voilà donc une rue [3]!...
Pour rareté du fait, qu'elle soit parcourue...
Notre peine, après tout, sera-t-elle perdue,
Et ce trajet enfin est-il donc tant ingrat?...
Tenez... déjà voici l'*Arsenal du Génie* [4];

---

[1] Les murs de quai de ce canal, en arrière du pont des Arènes et à quelque distance de ce dernier.

[2] Voir précédemment les effets de cette inondation, page 28.

[3] La rue d'*Asfeld*.

[4] Rue d'*Asfeld*, sur l'emplacement occupé autrefois par le couvent des *Célestins* fondé vers la fin du XVe siècle, et dont la communauté fut supprimée vers l'an 1774. Depuis, cette abbaye fut affectée au magasin d'effets militaires, habillement, campement, etc, transporté ultérieurement dans son local actuel, rue Saint-Marcel. Cet arsenal a pour objet : la construction de tous les engins, voitures, outils, matériaux, etc., nécessaires au service du génie.

Tout à côté, ces murs siége d'une industrie
Jetant sur notre ville un si brillant éclat [1];
    Puis, maintenant en face,
    Et de tout cet espace
    Occupant la longueur,
Des ministres de paix, de bonté, de douceur,
Préparant en silence ici l'apprentissage,
Cet heureux monument de la foi sûr présage [2].

Sans doute, aux amateurs du tumulte et du bruit,
Des riches magasins où partout l'or reluit,
Des pompeux ornements et des vives lumières,
Ces lieux et ceux suivants ne leur souriront guères...
Car, pour eux, après tout, ils ne peuvent offrir
    — Retraites du vrai sage —
Que l'aspect du repos et du calme plaisir !...
Et, cependant... parfois, un sentiment de crainte
Peut venir obscurcir la joie en cette enceinte :
Sur ce rempart, derrière, avec attention
Regardez, en effet, là.... dans ce bastion [3],
Ce long carré de murs enfermant en silence
Ce bâtiment ainsi trompant la malveillance ;
Puis, auprès... ce soldat, au lieu de son fusil,
Tenant tout simplement une modeste pique....

---

[1] L'établissement des frères *Simon-Louis*, maison considérable de commerce de plants d'arbres, de grèneterie, etc.

[2] LE GRAND SÉMINAIRE. — Ce vaste bâtiment, qui présente la forme d'un parallélogramme, occupe toute la longueur de la rue d'Asfeld, jusqu'à la hauteur de la rue de la Gendarmerie ; et sa profondeur embrasse tout l'espace jusqu'au rempart, derrière, dont il n'en est séparé que par la rue de ce nom.

[3] Le *bastion* à gauche de la porte Saint-Thiébault.

— Eh mais!... où donc, voyons! est matière à panique?
N'est-ce point preuve alors qu'il n'est aucun péril,
Témoin seul l'armement de ce factionnaire?
— Oh! malheureux... hélas!... mais c'est tout autre affaire,
Ne voyez-vous donc point une précaution
Prise fort prudemment contre l'explosion
D'un foyer permanent de la destruction[1]!....
Et l'on veut éviter à cette sentinelle
Toute chance possible au jet d'une étincelle.

. . . .

Sans contredit, ici, la sagesse prévaut,
Mais ne peut-elle un jour être mise en défaut?...
Ainsi parle la crainte à la raison humaine,
Et, pour en triompher, la résistance est vaine.
Qui peut songer à vaincre une telle terreur?
　　　Trop terrible labeur,
Dont le succès toujours doit être mis en doute!
Loin d'y vouloir prétendre, ah! pour nous bien mieux vaut
　　　Reprendre notre route.

De ce pas gagnons donc la place Saint-Thiébault[2],
Tour à tour nous montrant : l'hôtel de l'*Intendance*[3];
Celui du général chef du département[4];
Puis, dans ce coin encor cet autre bâtiment,
　　　Jadis la *Fonderie*,
　　　Et de l'Artillerie

---

[1] Le *magasin à poudre* du front Saint-Thiébault.

[2] Etablie en 1739, sur l'emplacement d'anciennes fortifications.

[3] *Hôtel et bureaux de l'Intendance* de la division et du recrutement, dans les bâtiments à gauche formant l'angle saillant de la place et du rempart.

[4] *Hôtel* du général commandant le département, dans la partie des bâtiments de l'ancienne fonderie, ou grand côté de la place.

En ce jour humble annexe et simple magasin [1].

. . . .

Quoi!... nous avons omis là-bas, dans le lointain,
Cette caserne, encor, de la *Gendarmerie* [2]
Et cette autre du *Train d'Ouvriers du Génie* [3]...;
A tel oubli peut-on se laisser entraîner?
Aussi, nous hâtons-nous de les mentionner ;
Pour prévenir ainsi toute faute pareille,
A l'avenir alors qu'avec soin notre œil veille :
Or, à l'entour ici j'ai beau jeter les yeux,
Rien ne vient plus s'offrir de vraiment curieux ;
Ne prolongeant donc point ce séjour davantage,
Faisons voile à présent pour un autre parage.

Eh bien ! voyez pourtant... de ce si long chemin,
    O de la patience
    Admirable puissance !
Pas à pas cependant nous atteignons la fin ;
Que cette zône encor par nous soit parcourue [4],
Et soudain reparaît cette belle avenue,
    Notre point de départ [5].

---

[1] Cet établissement institué en 1740, interrompit ses travaux peu de temps après sa création, les reprit en 1794, les discontinua à quelques années de là, les reprit de nouveau en 1804, et enfin a cessé d'être affecté à cet usage depuis 1814. Aujourd'hui, il sert de magasin aux objets de harnachement, d'attelage, etc., de l'artillerie.

[2] Dans la rue de ce nom, sur l'emplacement d'une des dépendances de l'ancien couvent des Célestins. (Voir l'arsenal du génie.)

[3] Contiguë à la caserne de la gendarmerie, dans la rue de ce nom, et sur l'emplacement du même ancien couvent.

[4] Tout le quartier *Châtillon.*

[5] L'avenue *Serpenoise.*

A cet effet longeons maintenant ce rempart [1];
Mais ces belles maisons fixent votre regard [2],
Joyeux de retrouver ce mâle caractère,
Ce style, sinon pur, du moins grave et sévère ..
Et semblant s'enquérir par quel art précieux,
Par quel secret trop rare, hélas, en tous ces lieux,
Elles ont pu franchir du temps un tel espace
Sans en montrer céans l'ineffaçable trace,
Ou du mauvais goût même éviter l'attentat;
Serait-il donc vraiment une grâce d'état?
Eh, mon Dieu!... ce secret nous sortons de le dire,
Car — effet du hasard, ou bien tout autrement —
    De cet art de construire,
    Ici précisément,
    Nos meilleurs mandataires
De ces mêmes maisons sont les propriétaires [3].
    Or, d'un tel jugement
Pour bien apprécier entière la justesse,
Qu'on veuille contempler ce noble monument,
Ce palais aujourd'hui qui dans nos murs se dresse,
Si glorieux dépôt de trésors, de splendeurs,
Dont ces artistes sont les habiles auteurs [4].
    De notre enceinte, ensuite,
Tout en face, il suffit de franchir la limite,
Bientôt viendront s'offrir ces abondants chantiers,

---

[1] Le rempart *Saint-Thiébault*.

[2] La propriété *Sturel*.

[3] Qui ne sait, en effet, que l'établissement *Sturel et Cie*, concernant l'entreprise des travaux de construction de bâtiments, est l'un des plus considérables, non-seulement du département, mais qu'il peut lutter avec beaucoup d'autres de ce genre des plus grandes villes.

[4] Le palais de notre exposition universelle.

Ces nombreux ateliers,
Ces bruyantes usines,
Où, pliés sous la main de puissantes machines,
Ces arbres, autrefois,
Géants de nos forêts, leur orgueil et leurs rois,
Soudain sont transformés, pour maints et maints emplois,
En poutres, en chevrons, en mille lames fines [1].

. . . .

Du travail incessant véritable cité,
Où peut-on donc trouver de la capacité
Un plus grand témoignage?....

Heureux! quand sous ses pas on rend si doux hommage,
Et que pour terminer une si longue page,
Sous sa plume on rencontre un tel brillant tableau!
Or, que nous reste-t-il pour fermer le rideau?...
A franchir seulement sous nos yeux cette rue,
Séjour délicieux du calme et du repos [2];
Eh bien! qu'en un trait donc elle soit parcourue,
Courage!... c'en est fait!... notre examen est clos.

Voilà, pour le moment, notre tâche accomplie,
Et soit dit sans vergogne, est-elle assez remplie?
Pour aujourd'hui bornons ici notre chemin
Et remettons alors le surplus à demain.

---

[1] Les ateliers et la scierie établis à Montigny.
[2] La rue *Châtillon*.

IX.

CINQUIÈME SECTION.

La place Mazelle; les quartiers : Mazelle, du Pont-Sailly, du Champé,
Saint-Eucaire et des Allemands.

—

Dans la langue vulgaire,
Parmi les vieux dictons,
Combien n'entend-on pas résonner d'ordinaire
Celui-ci si banal : au dernier sont les bons?...
Mais ce n'est point ici, juste ciel! qu'il s'applique!
De quelque bon vouloir, en effet, qu'on se pique,
C'est véritablement
Presque du dévouement
Que d'oser emprunter le secours d'une voile,
Quand clair et fragile est le tissu de sa toile.
Reconnaissez pourtant notre position,
Car nous avons encor, dans ce coin de la ville,
A tracer le tableau de cette section,
Et, quelle tâche fut plus ingrate et stérile?...
Tels doivent être, hélas! les malheureux mineurs
De la terre partout fouillant les profondeurs
Sans en pouvoir tirer d'or la moindre parcelle
Qu'en vain béante attend leur modeste escarcelle;
Cependant il nous faut chercher notre filon!
Alerte donc!... voyons!... passons le Rubicon!
Sur ses eaux qu'à l'instant notre barque appareille;

18

Or, ici le voilà présenté par la *Seille* [1].

. . . .

Enfin, il est franchi !... que légers soient nos pas !
Maintenant abordons à la place *Mazelle* [2]....
Mais... déjà sur ce point, voyez, notre embarras
      Tout entier se révèle ;
Pas un seul monument, aucun vieux souvenir,
Ne venant sous ma plume — à mon regret — s'offrir,
Et serons-nous réduits, au lieu de telle image,
A vous mentionner, pour le *bois de chauffage*
Aujourd'hui du *marché*... là notre emplacement !
Dois-je aussi vous noter un certain complément ?...
Quelques instants alors attendez... tout-à-l'heure
Un spectacle peut-être... attirera vos yeux,
Cet endroit conduisant à l'un des tristes lieux
A l'homme réservés pour dernière demeure [3]...

— Certes, si ce sont-là les seuls riants feuillets
Au spectateur montrant si gracieux objets,
Ah! de grand cœur, mon Dieu, nous vous en tenons quitte,

---

[1] Le canal de la *Seille*, précédemment décrit, page 67.

[2] Place assez vaste et spacieuse où se tenait autrefois le marché aux bestiaux, lequel est transporté aujourd'hui dans la cour extérieure des abattoirs. Cette place est affectée actuellement à la vente du bois de chauffage, dont le marché a lieu trois fois par semaine : les mardi, jeudi et samedi. Indépendamment de ces marchés périodiques, il existe tout autour de Metz, au dehors, des chantiers copieusement pourvus de ces approvisionnements, où l'on peut, à toute époque de l'année, se pourvoir en conséquence. C'est aussi l'un des chemins conduisant à la *Fabrique de gaz* servant à l'éclairage de la ville, laquelle se trouve sur la route de Borny, entre la porte Mazelle et celle des Allemands.

[3] Le *cimetière de l'Est*, l'un des plus vastes de la ville, et celui renfermant le plus grand nombre de tombeaux d'une certaine somptuosité.

Et veuillez au plus tôt clore cette visite.
— Soit... autre part allons chercher quelque élément,
Pour le regard, au moins, plus gai délassement.
Or, où donc découvrir plus douce jouissance
Que dans ce monument de vieille souvenance [1],
Refuge en tous les temps ouvert aux malheureux
Et recevant leurs pleurs, leur espoir et leurs vœux?...
Mais.., bien grande serait alors notre méprise
Si nous venions trouver le luxe et la splendeur,
Ce quartier n'étant point celui de la grandeur...
Et comme lui fort humble et simple est cette église.
N'est-ce point cependant son plus riche joyau?
Car Metz nous montre ici son faubourg Saint-Marceau,
Et doit-on rechercher et l'or et la richesse,
Les somptueux travaux, les riches bâtiments
Sur le modeste sol où seulement se dresse
Le toit de l'ouvrier et de nos artisans?

De ces ruelles donc dans la masse profonde
Où trouver, en effet, dans tous ces *Wad* du monde:
Grand-Wad ou *Wad-Billy*, voire encor *Wad-Boulon*,
Quelque objet arrêtant un moment le crayon?
Et moindre sera-t-elle encor notre détresse,
Si nous nous avisons d'accomplir la prouesse
De visiter là-bas et la rue *aux Ossons...*

---

[1] L'Eglise *Saint-Maximin*, un des plus anciens monuments religieux de la cité, présentant divers styles d'époques différentes : le roman tertiaire ou de transition, l'ogival primitif et celui secondaire (XIIe et XIIIe siècles). Quant au clocher, la construction en paraît remonter au XVIe siècle; la porte d'entrée, postérieure encore, semble, d'après une date inscrite sur l'un de ses murs, avoir été construite en 1753.

Ou bien, tout à côté, la place des *Charrons* [1],
Nous révélant malgré son aspect uniforme,
D'une hache, dit-on, exactement la forme!
Cachet sans contredit et rare et curieux,
Mais, pour le distinguer, hélas! où sont les yeux?

      Cependant, qui l'indique?
      Une vieille chronique,
Et de source, aussi sûre, il faut, ah! croyez-moi,
Toujours tout accepter comme article de foi..:
De l'érudition où serait le mérite
Si le doute en était ainsi le satellite?...

      Et notre écrin ici
      Est-il donc tant fourni
Pour oser le priver d'une telle parure?
Acceptons donc la hache, et sans plus de murmure.

      Chose étrange! pourtant,
A quelques pas, voilà... de ce même instrument
Le nom qui de nouveau commence à reparaître [2];
Et, quelle circonstance en ce point l'a fait naître?...
Que nous importe donc?... à chaque mention
Faudra-t-il joindre encor cette autre question?
Puis, par conséquent faire en outre la revue
De l'origine ainsi du nom de toute rue?
      C'est bien assez déjà

---

[1] Cette place, suivant la description fournie par certains ouvrages, présenterait la figure d'une hache, dont le manche, représenté par l'ancienne rue aux Charrons, aurait environ 100 mètres de longueur sur 15 mètres de largeur; et la lame — la place, proprement dite, allant jusqu'au *Pont-à-Seille* — aurait environ 20 mètres de longueur sur 15 mètres de largeur.

[2] La rue de *la Hache*, aboutissant: d'une part, dans la rue des Allemands; et de l'autre, dans la rue Mazelle

De ce panorama,
Sans vouloir enchaîner au bec de notre plume
Cette matière au moins de tout un lourd volume;
Assez d'autres sauront se charger de ce soin !
Pour nous, continuons et courons voir plus loin.

. . . .

En ce point nous foulons le sol d'une industrie
Exempte de tout luxe et de tout apparat,
— Et franchement peu propre à flatter l'odorat [1] —
Mais, en revanche, offrant solide garantie,
Car, qui s'en douterait ? maintenant nous voici
Ici même placés sur le vieux *Pont-Sailly* [2] !
Or, un moment, mettez à bas, par la pensée,
Ces bicoques venant par leur épais rideau
De la sorte masquer l'aspect de son cours d'eau,
Et bientôt notre vue, ainsi débarrassée,
  Non sans quelque plaisir
  Bientôt va découvrir
Un de ces chers tableaux, piquants et pittoresques,
— Peut-être bien aussi, pour quelques-uns, burlesques —
Dont le bon vieux temps seul sait garder le secret
Et de tout antiquaire excitant le regret :
Dans leur parcours entier, sur l'une et l'autre rive,
Du travail cette vie infatigable, active;
Tout le long de leurs bords, ces anciennes maisons
Dans l'onde réflétant, tous ces toits, ces pignons,
  Ces vieilles galeries

---

[1] Le quartier des *Tanneurs* (rue de la *Saulnerie* et du *Champé*).

[2] Sur le tablier même de ce pont sont construites, à l'emplacement qu'oc-cuperaient les parapets, deux espèces d'échoppes qui, masquant la vue du canal, dérobent par conséquent la connaissance de la présence d'un pont en cet endroit.

Du blason du passé vivantes armoiries ;
  Et — spectacle incessant —
A leurs parois, dans l'air partout se balançant,
  De nos pauvres victimes
  Les dépouilles opimes,
Tributs si précieux transformés par nos mains,
De tous points réclamés par les besoins humains.
. . . .
Des lieux voisins faisant maintenant la visite,
  Nous trouvons à la suite,
  Tout à l'entour groupé,
  De la classe ouvrière
  Retraite hospitalière,
  Le quartier du *Champé*.

De ses premiers rayons le soleil vient à peine
D'effleurer doucement la cime de ces monts,
Et déjà regardez vifs, alertes et prompts,
Ces ardents producteurs qu'un saint mobile entraîne,
En silence quitter le seuil de leurs foyers
Pour aller animer nos divers ateliers ;
Puis, au déclin du jour, lorsque résonne l'heure
  Du bienfaisant repos,
En foule abandonnant leurs utiles travaux,
Tout heureux voyez-les regagnant leur demeure.
Là, contemplez encore, ô but consolateur
Des mêmes champions du plus rude labeur !
Dans cet obscur recoin si calme, si tranquille,
A leurs chères enfants ce charitable asile
Dispensant les bienfaits de l'éducation [1] ;

---

[1] La salle d'Asile et l'Ecole communale de jeunes filles, tenues par les

Mais, en outre, à côté, par compensation,
— D'une place de guerre, ô terrible apanage! —
Par trop fréquent, hélas! cet autre voisinage [1]...
Rassurons-nous, du reste..., ah! sous peu, de nouveau
Ne se montrera plus cet alarmant tableau,
Car, si vaste naguère, ici cette surface
Sous nos pas n'offre plus que le plus mince espace,
Et de ce long trajet, et de tout ce chemin,
Désormais tout entière on va trouver la fin.

      De cette seule rue [2]
A la hâte, à présent, parcourons l'étendue;
A son extrémité se rencontre le port,
Ah!... patience!... Allons!... plus qu'un léger effort.
. . . .
Mais, quelle cause peut dans vos yeux faire luire
      Ce vif étonnement
      Que l'on voit s'y traduire? ..
— Par vous-même, jugez, et dites-moi vraiment
      Si c'est sans raison d'être
Qu'en face de ces faits la stupéfaction
      Ainsi puisse apparaître?
Déchiffrez donc le sens de cette inscription
      Et de celles suivantes,
Sur vos murs, vos volets constamment apparentes,
Que pour moi je m'efforce en vain d'interroger [3];

Sœurs de Sainte-Chrétienne; établissement fondé depuis quelques années dans ce quartier auquel il manquait essentiellement, en raison de sa nombreuse population ouvrière.

[1] Le *Magasin à poudre* établi à l'extrémité de la place de la Grève.

[2] La rue des *Allemands*.

[3] Ce quartier extrêmement commerçant, n'ayant affaire, en partie, qu'à

Quoi ! déjà sommes-nous en pays étranger ?
     Et d'un autre langage
Devrons-nous emprunter l'indispensable usage ?

— Bien... enfin, je comprends !...
Pour dissiper alors votre juste surprise,
     Il est temps qu'on vous dise,
     Qu'ici, des *Allemands*,
Dans ce triangle enclos, le quartier se présente ;
Pour cet idiome, ah...! cesse votre épouvante,
C'est là tout simplement affaire de marchands,
S'adressant de la sorte à telle clientèle,
A notre langue mère, encor par trop rebelle ;
Car rappelons-nous bien que voici le chemin
Nous conduisant aux lieux avoisinant le Rhin,
Et dans leurs environs, tout à l'entour réside
Un compacte noyau de population
     Dont la propension
Pour notre dialecte est loin d'être solide.
. . . .
De ce centre, à présent, nous avons sous les yeux
     Cet asile pieux
A ses hôtes versant, de la vive croyance,
Ses trésors inouis, pour douce récompense [1]

---

une population parlant plutôt le dialecte allemand que celui français, pour
faciliter les relations commerciales, le plus grand nombre des enseignes présentent, dans ce but, leurs inscriptions en langue allemande ; mais, il est
vrai de dire que, le plus souvent aussi, l'inscription est double ; par
conséquent, en l'une et l'autre langue.

  [1] L'Église *Saint-Eucaire*, monument d'un même style : l'ogival primitif
(XIIIe siècle), qui, à défaut de quelque chose de réellement remarquable, se
recommande au moins par l'unité de son caractère architectural. Toutefois,
certaines parties, du côté de la rue des Allemands, présentent quelques restes

De tous points, en ce jour, voyez-les accourir
Empressés et joyeux, comme en un jour de fête,
A *Saint Blaise* apportant ces gâteaux à bénir,
Et retourner chargés de leur chère conquête.

. . . .

Ah ! c'est que désormais leurs heureux possesseurs,
Tout entiers confiants dans ce saint patronage,
D'un de nos maux n'ont plus à craindre les douleurs,
Assurés des bienfaits de ce pèlerinage [1].

. . . .

Ferveur ! ardente foi ! si rares aujourd'hui,
          Passions d'un autre âge !
Comment avez-vous pu survivre jusqu'ici?...
Serait-ce donc à l'ombre et grâce au voisinage
          De ces vieux monuments [2],
Eux, aussi, fiers témoins des plus purs sentiments?

Saisis d'un doux transport saluez leur présence
Vous tous, vrais amateurs jaloux de recueillir
De ces temps glorieux le digne souvenir ;
Et surtout, réservez votre reconnaissance
Pour cet amour sacré, pour ce culte des arts,
Aujourd'hui permettant à vos joyeux regards

---

d'une façade digne de fixer l'attention. Des titres précieux des XIIe et XIIIe siècles étaient déposés dans les archives de cette église.

[1] Dans l'église Saint-Eucaire se trouve une chapelle dédiée à *saint Blaise*, saint fort en renom, en raison de son privilège de préserver les croyants de toute atteinte du mal *de gorge*. On lui consacre, à cet effet, un gâteau que l'on vient faire bénir le jour de sa fête sur l'autel de sa chapelle. Aussi, le 3 février de chaque année, est-ce une affluence considérable de fidèles arrivant, dans ce but, de toutes les paroisses de la ville et même des environs.

[2] La *Porte des Allemands* et ses vieux remparts.

De retrouver intact cet antique édifice
Certes de la cité le plus beau frontispice. [1]

Pour nous, de ce tableau, comme couronnement,
Pouvions-nous rencontrer plus brillant ornement?
Car nous avons trouvé la fin de ce voyage
Et nous voici rendus à destination...
Déposant donc alors et besace et bâton,
Regagnons à présent notre pauvre ermitage.

---

[1] Grâce, en effet, au zèle et à l'esprit intelligent de conservation de nos richesses archéologiques dont est animée la nouvelle administration du génie, nous devons à cette dernière la réparation et la restauration, toutes récentes, de la *porte des Allemands*, l'une de nos plus belles pages anciennes de l'architecture militaire. La construction de ce monument remonte au milieu du XVe siècle, ainsi que nous l'apprend l'inscription gothique suivante, placée à l'entrée de cette porte, à la tour de gauche :

> *Henri.......... .... de Ranconval*
> *Fut de cet ouvrage maître principal. — 1445.*

La lacune qui existe dans cette inscription et qui serait due à une balle de fauconneau, à l'attaque première de Metz par Charles-Quint, doit, suivant certains chroniqueurs, se compléter par ces mots : *Boustrof*, sire ; et suivant encore les mêmes historiens, le *Ranconval* dont il est ici question, ne serait autre que le père de l'auteur du clocher de notre cathédrale. (Voir, page 82.)

TABLEAU

Des Rues, Quais, Places, Ponts, Promenades, Monuments
et Établissements religieux, civils et militaires
de la ville de Metz,

PAR ORDRE ALPHABÉTIQUE,

Et avec l'indication de leurs Sections respectives.

RUES.

	Sections.		Sections.
A		Saint-Charles.	4
		Châtillon.	4
De l'Abreuvoir.	4	Du Grand-Cerf.	4
D'Alger.	2	De la Chèvre	3-4
Dés Allemands.	5	Chèvremont.	2
De la Grande-Armée.	5	Saint-Clément.	1
Sous-St-Arnoult.	3	Des Clercs.	3
De l'Arsenal.	2	Des Cloutiers.	2
D'Asfeld	4	Du Coffre-Millet.	2
Des Augustins.	4	Coislin.	4
De l'Avenue Serpenoise.	4	Cour-de-Ranzières.	3
B		**D - E**	
De la Baue.	5	Des Ecoles.	2-3
Dés Bénédictins.	1	D'Eltz.	1
De la Bibliothèque.	2	Des Bons-Enfants.	3
Au Blé.	3	D'Enfer.	2
De la Petite-Boucherie	2-4	De l'Esplanade.	3-4
Boucherie-St-Georges.	2	Saint-Etienne.	5
Des Trois-Boulangers	4	Saint-Eucaire.	5
Braillon.	2	De l'Evêché.	3-4
C		**F**	
Du Camifout.	4	Fabert.	3
Des Capucins	2	Du Faisan.	3
De la Cathédrale	3	Saint-Ferroy.	2
Chambière.	1	Fleurette.	1
Du Champé.	5	De la Fonderie.	2
Du Petit-Champé.	5	De la Fontaine.	4
Chandellerue.	4	De la Fontaine-St-Jacques.	3
Du Change.	4	Du Four-du-Cloître.	2-3
Chaplerue.	3-4	Fournirue.	2-3-4

	Sections.		Sections.
Des Roches.	3	**U–V**	
Royale.	4		
De la Bonne-Ruelle.	3	Vigne-Saint-Avold.	5
		De la Vignotte.	1
S		Saint-Vincent.	1
De Saulnerie.	2	Vincentrue.	1
De la Basse-Seille.	2	Du Vivier.	2-3
Serpenoise.	3		
		W	
T		Du Grand-Wad.	5
Taison.	2-3	Du Wad-Billy.	5
De la Tête-d'Or.	3	Du Wad-Bouton.	5
Du Therme.	1		
Saint-Thiébault.	4	**Y–Z**	
De la Tour-aux-Rats.	1		
Des Trinitaires.	2	*Néant.*	

PLACES.

	Sections.		Sections.
De l'Abreuvoir.	4	Friedland ou Saint-Simplice.	4
D'Armes ou Napoléon.	3	Sainte-Glossinde.	4
D'Austerlitz ou St-Jacques.	3	De la Grève.	5
De la Cathédrale ou du Marché-couvert.	3	Aux Lièvres.	5
		Saint-Louis.	4
De Chambre.	2-3	Du Marché-Couvert.	3
Du Change ou Saint-Louis.	4	Des Maréchaux.	2
Chapelotte.	4	Saint-Martin.	4
Chappé.	3	Mazelle.	5
Des Charrons.	5	Napoléon.	3
De la Comédie.	3	Saint-Nicolas.	4
Coquotte.	3	Du Pont-des-Morts.	1
Croix-outre-Moselle.	1	De la Préfecture ou de l'Intendance	3
Sainte-Croix.	2	Du Pont-Sailly.	5
Saint-Etienne ou Pâté de la Cathédrale.	3	Du Quarteau.	4
		Royale.	3
Aux Febvres.	4	De la Haute-Seille	4
Du Fort.	1	Saint-Thiébault.	4
De France ou du Fort.	1	Saint-Vincent.	1

PORTES.

	Sections.		Sections.
Des Allemands.	5	Mazelle.	4
Sainte-Barbe.	2	Du Saulcy.	1
Chambière.	1	Serpenoise.	3-4
De la Citadelle.	3	Saint-Thiébault.	4
De France.	1	Thionville.	1

PONTS

	Sections.		Sections.
Des Arènes.	4-5	Moyen-Pont ou des Pucelles.	1-3
De la Comédie ou des Roches.	3	Pontiffroy ou de Thionville.	1
Des Grilles.	2	De la Préfecture.	3
Saint-Georges.	1-2	Sailly.	3-4-5
De la Grève.	5	Du Saulcy.	1
Iéna.	4-5	A Seille.	4-5
Saint-Marcel.	1-3	De la Basse-Seille.	3-5
Moreau.	1-3	De la Haute-Seille.	4-5
Des Morts.	1	Suspendu.	1

QUAIS.

De l'Arsenal.	2	De la Préfecture.	3
Chambière.	1	Saint-Louis ou Sainte-Marie.	3
De la Comédie.	3	Saint-Pierre.	2
De l'Esplanade ou de sa rampe.	3	Richepance.	1
Du Fort.	1	Haute-Seille.	4

ÉTABLISSEMENTS & MONUMENTS
religieux.

Cathédrale.	3	Notre-Dame.	3
Saint-Clément.	1	Sainte-Ségolène.	2
Sainte-Chrétienne.	4	Saint-Simon.	1
Sainte-Constance.	1	Séminaire (grand).	4
Saint-Eucaire.	5	— (petit). (hors des p.)	3-4
Evêché.	4	Ste-Sophie ou dames du Sacré-	
Frères de la doctrine chrétienne.	3	cœur. (hors des portes)	3-4
Sainte-Glossinde.	4	Synagogue.	2
Saint-Martin	4	Temple des protestants.	2
Saint-Maximin.	5	Saint-Vincent.	1
Saint-Nicolas.	4	La Visitation.	2

ÉTABLISSEMENTS CIVILS.

Abattoirs. (hors des portes)	1	Chambre des notaires.	4
Académie, Bibliothèque et Musée.	2	— du tribunal de Com-	
Bureau de bienfaisance.	2	merce.	3
Bureau des dépêches télégra-		Chauffoir.	2
phiques.	3	Cimetière de Belle-Croix (hors	
Cabinet d'histoire naturelle.	2	des portes)	4
— des médailles.	2	— Chambière —	1
Caisse d'épargnes.	2	— du Fort —	1

	Sections.		Sections.
Cimetière de l'Est (hors des p.)	4-5	Maison d'arrêt et de Justice.	3
Collége des Jésuites ou Saint-		— de charité et des orphe-	
Clément.	1	lines.	2
Commissariat central de police.	3	— des orphelins.	2
Crèches.	2	La Maternité.	2
Ecoles municipales et de musiq.	2	Les Magasins ou Pavillon de la	
— normale primaire.	2	Douane.	3
— Rabbinique.	2	Marché aux bestiaux (h. des p.)	1
Gare du chemin de fer : de Paris		— au bois. —	5
(hors des portes).	3-4	Le Marché couvert.	3
Gare du chemin de fer de Thion-		— aux grains.	4
ville (hors des portes).	1	— aux légumes ou St-	
Greniers de la ville.	2	Jacques.	3
Hôpital Bon-Secours.	1	— aux poissons.	3
— Saint-Nicolas.	3	— à la viande.	3
Hospice israëlite.	2	Mont-de-Piété.	2
Hôtel-de-Ville.	3	Moulins de la ville.	1-2-3-4
Hôtel-des-Postes.	3	Palais-de-Justice.	3
Jardin botanique.	2	Port Chambière (hors des portes.)	1
Justice-de-paix.	3	Préfecture.	3
Lavoirs publics.	1-2	Prison civile.	4
Lycée.	1	Théâtre.	3
La Magdeleine.	3	Usine à gaz (hors des portes)	5

ÉTABLISSEMENTS MILITAIRES.

	Sections.		Sections.
Amphithéâtre de médecine.	1	Ecuries de l'artillerie.	1
Arsenal de l'Artillerie (grand)	2	— du Train du génie.	4
— — (petit)	3	Gymnase militaire (glacis)	4
— du Génie.	4	Hôpital militaire.	1
Caserne des élèves de l'Ecole		Hôtel du commandant de place.	3
d'application.	3	— du général C¹ l'artillerie.	2
— du génie.	3	— du général C¹ le départ.¹	4
— d'infanterie. Chambière	1	— du général C¹ l'école d'ap-	
— — Coislin.	4	plication.	3
— — Fort.	1	— de l'intendant de la divis.	4
— — B.-Seille.	2	Lits militaires et buanderie.	1
— de la gendarmerie.	4	Magasins d'approvisionnement de	
Conseil de guerre.	3	la place.	3
Direction de l'artillerie.	2	— à fourrage.	1
— du génie.	3	— de l'habillement et du	
Ecole d'application de l'Artille-		campement.	1
rie et du Génie.	3	— à poudre.	1-2-3-4-5
— impériale d'Artillerie.	2	Manége couvert de l'artillerie.	1
— régimentaire du Génie.	3	Manutention.	1
— de pyrotechnie.	1	Pénitencier.	4

Sections.		Sections.
Polygone de l'artillerie. 1	Prison militaire.	4
— du génie. (glacis) 3-4	Quartiers de l'artillerie.	1
Poudrerie. 1	Quartier général.	3

PROMENADES PUBLIQUES.

De l'Esplanade.	3	Du quai Saint-Pierre ou Espla-	
Du Jardin-d'Amour.	3	nade des Juifs.	2
— Fabert.	3	Des Remparts.	1-2-3-4-5

FONTAINES.

De la place de Chambre.	3	Sainte-Croix.	2
Des Forçats.	3	Saint-Jacques ou d'Austerlitz.	3
Du Moyen-Pont ou des Pucelles.	1	Saint-Nicolas.	4

FIN.

A LA MÊME LIBRAIRIE :

Guide de l'Étranger à Metz; Établissements et Monuments religieux, militaires et civils. — Résumé historique des Ponts, Quais, Places, Rues, etc. — Tableau des rues, etc. — Bibliothèque et Musée (avec le Catalogue des Tableaux). Fortifications, Enceinte, Promenades, Portes, etc. — Hôtels, Cafés, — 1 petit Vol. in-8e avec Plan de Metz. Prix : 2 fr.

Guide du Voyageur dans les environs de Metz. — 1 vol. in-12. Prix : 60 c.

Nouvelle **CARTE du Département de la Moselle,**
de 0m,54 sur 0m,80; prix .... 2 f 50
Collée sur toile, avec bois.......................... 5   50
Coll.... .... lo et pliée, avec étui.............. 4   50
Nouveau **PLAN de la ville de Metz,** de 0m,47 sur
0m,61; prix.. 1   25

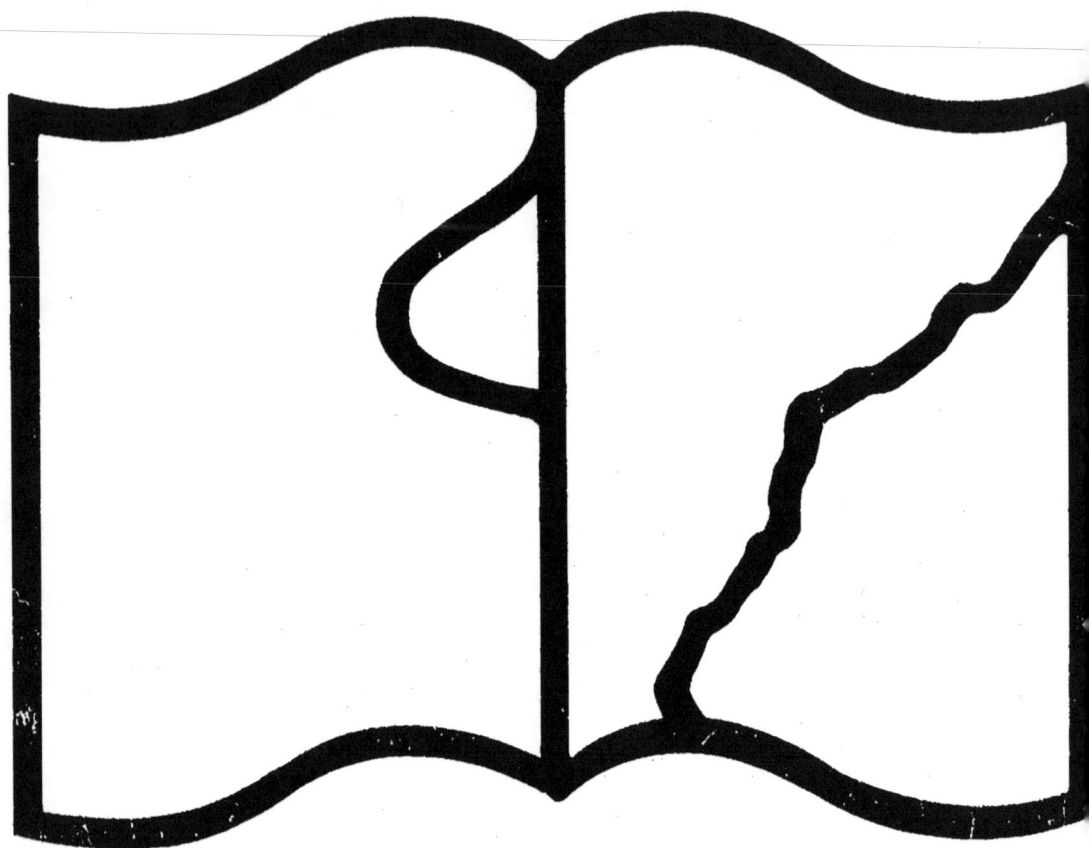

Texte détérioré — reliure défectueuse

NF Z 43-120-11

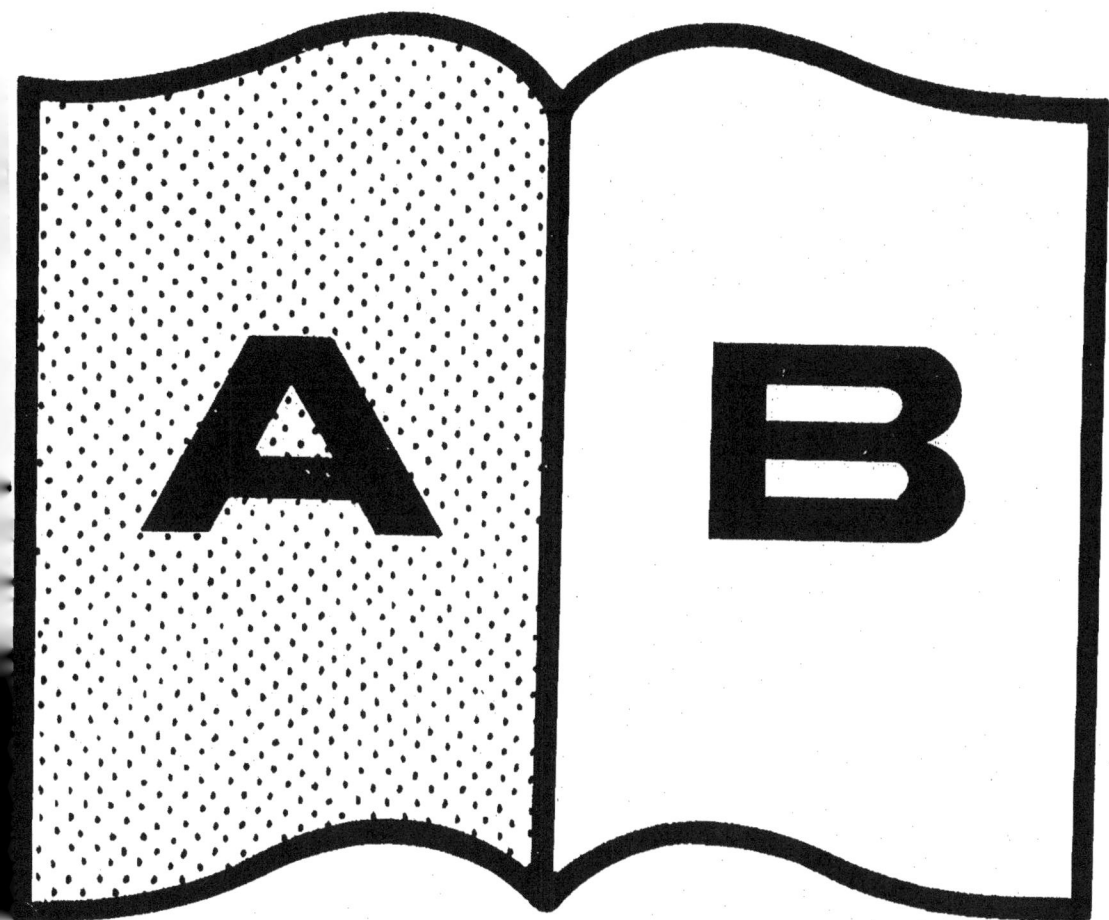

Contraste insuffisant

NF Z 43-120-14

www.ingramcontent.com/pod-product-compliance
Lightning Source LLC
Chambersburg PA
CBHW072055080426
42733CB00010B/2126